Reiten wie ein COWBOY

Birgit Hummler-Schaufler
Ute Holm

Westerntraining für junge Reiter und Reitanfänger

Reiten wie ein COWBOY

Birgit Hummler-Schaufler
Ute Holm

Westerntraining für junge Reiter und Reitanfänger

Müller Rüschlikon

Einbandgestaltung: Sven Rauert
Titelbild: Carola Steen
Cartoon auf der Titelseite: Billa Spiegelhauer
Bild auf der Umschlagrückseite: Claudia Schnell

Bildnachweis: Miriam Bächle (S. 162), Dirk Büttner (S. 17), CAVALLO (S. 2, 6 oben Mitte, 28/29, 35 unten, 37, 38/39, 40, 50, 54, 170, 172, 173), Klaus-Jürgen Guni (S. 16, 27), horsemotion (S. 15, 168), Christian Klaer (S. 89), Andreas Kost (S. 85, 166, 167), Uwe Kristandt (S. 14), Marcus Kroh (S. 163, 164, 165), Claudia Schnell (S. 5, 6 oben links und oben rechts, Mitte und unten, 8, 9, 10/11, 18, 19, 20, 22, 23, 32, 34, 43, 48, 51, 52, 56, 57, 63, 65, 66, 67, 68, 69, 71, 72, 73, 74, 76, 78, 79, 81, 82, 87, 91, 94, 95, 96, 98, 99, 101, 104, 106, 107, 110, 111, 112, 113, 115, 116, 117, 118, 123, 124, 127, 128, 129, 130, 132, 133, 135, 136, 138/139, 140, 141, 142, 143, 144, 154, 155, 158, 159), Carola Steen (S. 7 oben, 13, 25, 26, 58, 60/61, 160)

ISBN 978-3-275-01680-8

Postfach 103743, 70032 Stuttgart
Ein Unternehmen der Paul Pietsch Verlage Gmbh+Co
Lizenznehmer der Bucheli Verlags AG, Baarerstr. 43, CH-6304 Zug
1. Auflage 2009

Sie finden uns im Internet unter www.mueller-rueschlikon-verlag.de

Lektorat: Claudia König
Cartoons: Billa Spiegelhauer
Grafiken: Anita Ament
Innengestaltung: Anita Ament
Druck und Bindung: Conzella, 85609 Aschheim-Dornach
Printed in Germany

Vorwort

Mit Kindern und Jugendlichen zu trainieren macht mir große Freude. Die Begeisterung und der Wissensdurst, mit denen junge Reiter ihr Hobby betreiben, färben immer auch auf mich ab. Kinder und Jugendliche hinterfragen das, was man ihnen beibringen möchte, viel mehr als Erwachsene. Sie versuchen mehr noch als Erwachsene Pferde zu verstehen und sehen viele Dinge aus der Sicht des Pferdes.

Ich finde es deshalb schade, dass diese Altersgruppe unter den Reitern oft noch zu wenig qualifizierte Unterstützung für ihr Hobby findet. Während Erwachsene häufig regelmäßig an Kursen teilnehmen, lässt man Kinder vielfach einfach mal machen: Irgendwie werden sie schon zurechtkommen. Obwohl in der Zwischenzeit eine Vielzahl von Büchern über das Westernreiten in deutscher Sprache erschienen ist, gibt es so gut wie nichts auf dem Markt, das sich explizit an Kinder und Jugendliche wendet. Dabei finde ich es so wichtig, dass gerade am Anfang, wo die Basis für das Reiten gelegt wird, ein grundlegendes Verständnis für die Reitweise, die Hilfengebung und die Natur der Pferde entsteht. Darum ist dieses Buch entstanden.

Wir haben uns bemüht, dieses Buch so verständlich wie möglich zu halten und bewusst auf die Reiterfachsprache verzichtet. Herausgekommen ist deshalb ein Buch, das auch für erwachsene Einsteiger anschaulich und verständlich die Grundlagen des Westernreitens vermittelt. Vielleicht findet sogar der eine oder andere Trainer, der mit Kindern, Jugendlichen und Reitanfängern arbeitet, einige Anregungen für seinen Unterricht, so zum Beispiel anschauliche Erklärungen oder nützliche Übungen.

»Reiten wie ein Cowboy« hätte in dieser Form nicht verwirklicht werden können, wenn es nicht von vielen Seiten unterstützt worden wäre. Da sind einmal die Kinder und Jugendlichen, die als Reit-Models auf den Fotos ihr reiterliches Können vorgestellt haben. Vielen Dank an Familie Seyb und Familie Schnabel, deren Balsaminen-Hof und Astoria-Ranch wir zur Durchführung der Fototermine einige Tage in Beschlag nehmen durften. Ein herzlicher Dank geht an die Firmen Vitallo Schuhhandwerk F. Hackner in Hilpoltstein, an die Texas Trading GmbH in Windach und an Medi-Cheval in Tübingen. Sie haben durch ihr Sponsoring die ansprechende Gestaltung des Buches ermöglicht, insbesondere die Cartoons von Billa Spiegelhauer und die Fotos von Claudia Schnell.

Ich hoffe nun, dass dieses Buch einen Beitrag dazu leistet, Kindern und Jugendlichen ein Verständnis und eine Vorstellung von gutem Westernreiten zu vermitteln, sodass dieser faszinierende Sport für sie und ihre Pferde mit Vergnügen verbunden und von Erfolg gekrönt sein wird.

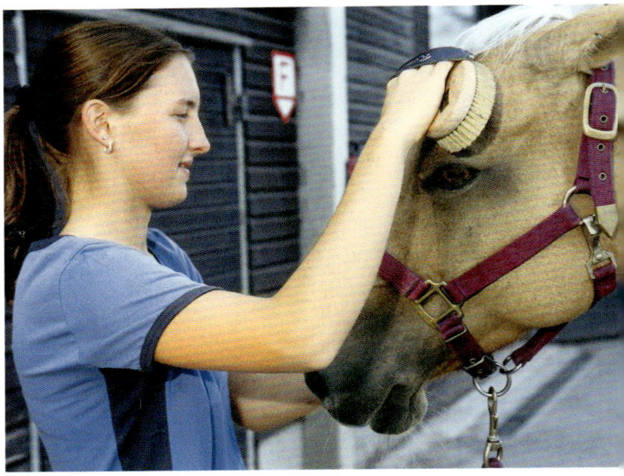

Inhalt

Wozu dieses Buch?

Vielleicht träumst auch du davon: Du sitzt auf einem Pferd, in Blue Jeans und mit Cowboy-Stiefeln. Willig folgt dir dein Pferd, fast so, als wäre es ein Teil von dir. Du hältst die Zügel locker in der einen Hand und öffnest mit der anderen das Gatter. Dann reitest du hinaus in den Sonnenschein, trabst durch ein Wäldchen, und schließlich geht es im Galopp über die Wiesen (denn eine Prärie gibt es ja bei uns leider nicht).

Sicher träumst auch du davon. Sonst hättest du wohl kaum dieses Buch gekauft oder geschenkt bekommen. Ich möchte dir dabei helfen, diesem Traum ein bisschen näher zu kommen. Natürlich brauchst du vor allem ein Pferd, mit dem du regelmäßig üben kannst. Reiten lernt man nur auf einem Pferd – das ist logisch. Aber auch der Kopf muss beim Reiten dabei sein. Er muss wissen, was dein Körper auf dem Pferd tun soll. Sonst versteht es nicht, was du von ihm willst. Und dein Kopf muss auch verstehen, warum man etwas tun soll und warum das Pferd darauf reagiert. Dafür ist ein Buch ausgezeichnet geeignet.

Dieses Buch liest sich natürlich nicht wie ein Roman: Von vorne nach hinten, und dann weiß man schon alles. Vielleicht hast du bereits eine ganze Weile mit Pferden zu tun, und längst weißt du, wie

man Pferde putzt und ihnen die Hufe auskratzt. Dann könntest du diesen Abschnitt auslassen. (Doch Achtung: Auch bei den scheinbar einfachen Dingen habe ich die Erfahrung gemacht, dass man nie auslernt. Vielleicht kann ich dir auch hier noch den einen oder anderen Tipp geben.) Bei anderen Kapiteln wird es sehr wichtig sein, dass du sie mehrere Male und immer wieder liest. Zum Beispiel bei den so genannten Hilfen. Das sind die Kommandos oder Anweisungen, die du dem Pferd gibst. Es ist sehr wichtig, dass man genau weiß, was man dabei tun muss und wie das Pferd darauf reagiert. Die Hilfen – das ist die Sprache, die ein Pferd verstehen kann.

Vielleicht liest du dir einmal durch, was du tun solltest, um loszureiten (wir Reiter sagen dazu »anreiten«). Dann übst du es mit dem Pferd. Danach lies ruhig das Kapitel noch einmal. Du wirst feststellen, dass du jetzt erst manche Dinge richtig verstehst. Manchmal klappt eine Übung anfangs ganz gut. Du glaubst, du kannst nun perfekt anreiten. Doch plötzlich gibt es Probleme. Lies auch dann das entsprechende Kapitel noch einmal aufmerksam durch. Auch nun wirst du sicher noch Hinweise finden, was du vielleicht besser machen könntest.

Wenn du das Westernreiten bei einem Trainer oder einer Trainerin lernst, dann zeige ihm oder ihr ruhig dieses Buch. Vielleicht könnt ihr gemeinsam über bestimmte Kapitel, zum Beispiel die Hilfen, sprechen. Auch die Übungen, die ich an der einen oder anderen Stelle vorschlage, könntet ihr ja im Unterricht durchführen.

Bevor es nun richtig losgeht noch ein Wort zu dem Traum, den ich oben beschrieben habe: Bei guten Westernreitern sieht das Reiten aus, als gäbe es nichts Einfacheres auf der Welt. So easy und cool kann man jedoch nur dann reiten, wenn das Pferd und der Reiter sehr gut ausgebildet sind – und das braucht seine Zeit. Um deinem Traum näher zu kommen, brauchst du auch viel Ausdauer, Geduld und Fingerspitzengefühl – und jede Menge Liebe und Verständnis für die Pferde. Wenn du das alles mitbringst und du dir mit diesem Buch auch das notwendige Wissen aneignest, dann kannst du dein Ziel erreichen.

Was eigentlich ist Westernreiten?

Immer mehr Kinder und Jugendliche begeistern sich für das Westernreiten. Die kleineren und wendigen Pferde, der lockere Sitz des Reiters, die rasanten Manöver im Westernreitsport – all das hat eine große Anziehungskraft. Wenn du Westernreiter werden willst, dann solltest du auch etwas darüber wissen, wie diese Reitweise entstanden ist. Denn so verstehst du besser, was das Westernreiten ausmacht. Was wir heute als Freizeitvergnügen oder als Sport betreiben, ist aus harter Arbeit entstanden, die nur dann erfolgreich bewältigt werden konnte, wenn Pferd und Reiter ein gutes Team gebildet haben.

Wie alles begann: Im Wilden Westen

Das Westernreiten ist ein Reitstil, der – wie du sicher längst weißt – im »Wilden Westen« von Amerika bei den Cowboys entstanden ist. Aber – um es gleich vorweg zu sagen – mit dem Reiten in den Cowboy-Filmen hat das Westernreiten wenig zu tun. In den meisten dieser Filme zerren die Reiter den Pferden die Köpfe nach oben. Die Pferde reißen die Mäuler auf, und zwar weil diese grobe Zügelführung ihnen Schmerzen bereitet. Beobachte es nur einmal genau und sage dir dabei: So darf es nicht sein!

Kein echter Cowboy würde so reiten. Denn damit sind Pferde sehr schnell zu Schanden geritten und bleiben nicht die Freunde und Partner des Menschen. Aber ohne Pferd konnte der Cowboy seine Arbeit nicht verrichten. Vor etwa 120 Jahren gab es im Westen der Vereinigten Staaten riesige Viehherden mit Tausenden von Rindern. Sie gehörten zu einer bestimmten Ranch, und der Rancher machte dies durch seine Brandzeichen kenntlich. Sie lebten aber halbwild in der Prärie ohne Zaun und ohne Grenzen. Immer wieder mussten diese Viehherden zusammengetrieben werden. Zum Beispiel, damit man den jungen Kälbern, die in der Zwischenzeit auf die Welt gekommen waren, die Brandzeichen einbrennen und sie nach Krankheiten untersuchen konnte. Die Viehherden wurden auch aus dem »Wilden Westen« in den Osten der USA gebracht. Denn dort entstanden große Städte. In dieser Zeit wanderten viele Menschen aus Europa nach Amerika aus. Sie hofften, dort ein besseres Leben führen zu können, da sie in Europa unter Armut und Hungersnöten zu leiden hatten. Im Osten der USA gab es also viele Menschen, aber nicht genügend Fleisch. Die Cowboys hatten daher die Aufgabe, die großen Viehherden über viele hunderte Kilometer zu den weit verstreuten Eisenbahnstationen zu treiben, wo sie in

Reiten wie in Western-Filmen? Nein danke!

Über viele Hunderte Meilen mussten die Rinderherden von den Cowboys getrieben werden.

Eisenbahnwaggons verladen und in den Osten des Landes gebracht wurden. Dies war keine leichte Arbeit. Tagelang saßen die Cowboys im Sattel. Sie sahen weder ein Bett noch eine Dusche. Zu Essen gab es nur zweimal am Tag: sehr früh morgens und sehr spät abends, und zwar meistens Bohnen mit Speck. Seine Arbeit konnte der Cowboy nur mit seinem Pferd gemeinsam verrichten. Es war sein wertvollster Besitz, und Pferdediebstahl war eines der schwersten Verbrechen. Er achtete darum so gut er konnte darauf, dass sein Pferd ihm möglichst lange ein treuer Partner sein konnte.

Damit der Cowboy seine Arbeit tun kann

Viele Eigenheiten der Westernreitweise versteht man plötzlich, wenn man sich diese Bedingungen vorstellt, unter denen Pferd und Reiter im damaligen Westen der Vereinigten Staaten leben und arbeiten mussten. So gibt es beim Westernreiten neben dem Trab und dem Galopp auch die Gangart Jog (man spricht es Dschog). Das ist ein sehr langsamer, gleichmäßiger Trab. Der Jog ist sehr schonend für Reiter und Pferd, wenn lange Strecken geritten werden mussten, wie etwa beim Treiben der Rinderherden durch die endlosen Weiten der Prärie. Auch dass gute Westernreiter die Zügel nur in einer Hand halten, hat seinen Ursprung darin, dass der Cow-

Gute Westernreiter halten die Zügel mit nur einer Hand – denn mit der anderen musste der Cowboy sein Lasso werfen.

boy die andere Hand frei haben musste, um zum Beispiel mit dem Lasso zu hantieren oder um ein weiteres Pferd zu führen. Eine Western-Turnierdisziplin ist das Cutting (für die, die noch kein Englisch können: es wird Katting gesprochen). Dabei werden einzelne Rinder von Pferd und Reiter aus der Herde getrieben – eine der schwierigsten Aufgaben im Westernreiten. Und – ganz klar – natürlich ist dieser Wettbewerb entstanden, wenn die Cowboys einzelne Rinder aus der Herde lösen mussten, um sie zu impfen und ihnen ein Brandzeichen einzubrennen. In alter Zeit wurden dafür die am besten ausgebildeten und wertvollsten Cutting- oder »Trennpferde« genommen (»Cutting« bedeutet das Trennen von Rindern von der Herde).

Dies alles macht auch klar, dass Pferd und Reiter sehr gut ausgebildet sein mussten. Die Besten in dieser Hinsicht waren die Cowboys in Kalifornien, in Texas und Mexiko, die man Vaqueros nannte (man spricht: Wakeros). Es ist das spanische Wort für Cowboy und bedeutet auch nichts anderes als »Kuhjunge«. Der Süden der heutigen USA und Mittelamerika wurden ja von den Spaniern erobert und besiedelt, und noch heute spricht man in Mexiko wie in ganz Mittelamerika Spanisch. Das spanische Wort »Vaca« (Waka), von dem Vaquero abgeleitet ist, heißt nichts anderes als Kuh. Die Spanier waren es auch, die die Pferde wieder nach Amerika brachten, die dort vor zehntausend Jahren ausgestorben waren. Schon als Kolumbus 1492 Amerika entdeckte und auf der mittelamerikanischen Insel Haiti landete, brachte er 30 spanische Pferde mit an Land. Nun muss man wissen, dass die spanische Reitkunst in den vergangenen Jahrhunderten genauso wie heute noch in der ganzen Welt bewundert wurde. Das Wissen über Pferde und ihre Ausbildung und die Ausbildung von Reitern war und ist in Spanien hoch entwickelt. Dieses Wissen nutzten die Vaqueros für ihre Pferdeausbildung, ihre Reiterei und die Arbeit mit den Rindern. Der Einfluss der spanischen Reitkunst bewirkte auch, dass Westernreiten sich ebenfalls zu einer hohen Kunst entwickelt hat und gute Reiter mit ihren Pferden Dinge vollbringen können, bei denen du nur staunen kannst.

Aus Arbeit wurde Sport: Beim Cutting wird heute noch mit Rindern gearbeitet.

Und heute ist es Sport

Auch heute noch gibt es im Westen der Vereinigten Staaten große Ranches, auf denen Rinder gezüchtet werden. Und dort arbeiten nach wie vor auch Cowboys, die oft den ganzen Tag im Sattel sitzen und vom Pferd aus ihre Arbeit verrichten. Sie reiten die Grenzen der riesigen Weiden ab und reparieren die Zäune. Sie bringen das Vieh von einer abgefressenen Weide auf eine andere. Oder sie treiben die ganze Herde zurück zur Ranch, wo sie die Kälber von den Müttern trennen, um sie zu brandmarken und gegen Krankheiten zu impfen. Das Westernreiten aber ist inzwischen vor allem zu einem Freizeitvergnügen und zu einem Sport geworden. Genau wie bei jeder anderen Sportart gibt es Wettbewerbe und Turniere. Es wurden Regeln für verschiedene Disziplinen festgelegt. Ab Seite 163 in Kapitel »Die wahren Champions«, in dem die Turniere der Westernreiter beschrieben werden, findest du mehr dazu. Wie etwa beim Skilaufen oder beim Tennis muss man bestimmte Bewegungsabläufe und bestimmte Verhaltensweisen erlernen. Und genau wie in anderen Sportarten gibt es Champions, die nicht nur ein besonderes Talent haben, sondern jahrelang trainieren. Anders als beim Tennis oder Skilaufen muss man beim Reiten aber immer auch lernen, wie ein Pferd sich verhält und bewegt. Denn wirklich Spaß macht dieser Sport nur, wenn wir wie die alten Cowboys unser Pferd gut behandeln und es so reiten, dass es keine Schmerzen hat, dass es gut versteht, was wir von ihm wollen, dass es lange Zeit gesund bleibt und Freude mit uns hat.

Western oder Klassisch – wo liegt der Unterschied?

In Europa entstand die Spanische Reitweise und vor allem in England, Österreich und Deutschland die Klassische.

In Europa verlief die Geschichte etwas anders. Hier gibt es schon lange keine endlosen unbewohnten Weiten mehr. Fast alle Länder Europas sind seit einigen Jahrhunderten dicht besiedelt. Die Viehherden wurden daher auf eingezäunten Weiden, oft in der Nähe der Dörfer, oder in Ställen gehalten. Pferde nutzte man nicht so sehr für den Viehtrieb, sondern vor allem als Last- und Zugtiere, vor Pflügen, Karren und Kutschen. Daneben wurden Pferde für die Kavallerie gezüchtet und für Könige und Fürsten in den Krieg geschickt. An vielen Königs- und Fürstenhäusern begann man aber auch schon vor mehr als dreihundert Jahren, Pferde für den Sport und die Kunst zu züchten und auszubilden. Eine Hofreitschule zu haben galt als Zeichen für Reichtum und feinen Lebensstil. Die Pferdedressur sollte vor allem ein Vergnügen für den Zuschauer sein.

Aus diesen fürstlichen Pferdezuchten und Reitschulen sind die heutigen Pferdesportarten Dressur, Springen und Vielseitigkeitsreiten hervorgegangen – die Sportarten, die bei uns am häufigsten geritten werden. Der Reitstil, der daraus entstanden ist, wird klassischer, manchmal auch englischer Reitstil genannt. Aber Achtung: Ihren Ursprung haben diese Sportarten und der entsprechende Reitstil nicht nur in England, sondern ebenso in Österreich, Deutschland oder Spanien.

Indianer und Pferde

Bevor der weiße Mann nach Amerika gekommen war, kannten die Indianer keine Pferde. Denn aus unbekannten Gründen sind Pferde in Amerika vor vielen tausend Jahren ausgestorben. Als die ersten Spanier hoch zu Ross bei den Indianern erschienen, da erschraken diese zunächst einmal heftig. Denn ein solches Wesen mit zwei Köpfen hatten sie noch nie gesehen. Doch schnell merkten sie, dass ein Reiter ohne Pferd auch nichts anderes als ein normaler Mensch ist, und dass die schnellen und wendigen Tiere etwas ähnliches wie große Hunde oder kleine Bisons sein mussten.

Mit diesen Tieren aber kannten sie sich bestens aus. Indianer waren Naturvölker, die die Natur sehr genau beobachteten und genau über die Verhaltensweisen der verschiedenen Tierarten Bescheid wussten. Alle Tiere waren für sie wie Schwestern und Brüder, so wie wir zum Beispiel einen Hund oder eine Katze als richtiges Familienmitglied betrachten. Die Pferde wurden darum von den Indianern sehr schnell in diese große Familie aufgenommen und als Reittiere und Lastenträger eingesetzt.

Durch ihr großes Einfühlungsvermögen in die Tiere und die genaue Beobachtung der Verhaltensweisen von Pferden, wurden die Indianer nicht nur ausgezeichnete Reiter. Es gab Stämme, die hervorragende Pferde züchteten. Zum Beispiel die Rasse der Appaloosas, die getüpfelten »Indianerpferde«, die es auch heute noch gibt. Unersetzlich wurden die Pferde für die Prärie-Indianer bei der Jagd auf die Bisons, aber auch im Kampf gegen die Weißen. Denn der weiße Mann nahm – wie du sicherlich schon weißt – den Indianern immer mehr Land weg, vertrieb sie und brachte ganze Indianerstämme um. Nur dort, wo die Spanier das Land besetzt hatten, wurden die Indianer und Indios nicht verjagt. Man ließ sie auf den Ranchs arbeiten und nutzte ihr großes Wissen über die Tiere und ihre hervorragende Reitkunst. Auch heute findet man in Mexiko und im Süden der Vereinigten Staaten noch viele Vaqueros mit indianischem Blut.

In England begeistert man sich außerdem bis heute oftmals für ganz andere Sportarten wie Pferderennen, Jagdreiten oder Polo. Ich möchte daher den Reitstil, den die Nicht-Westernreiter lernen und praktizieren, als klassische Reitweise bezeichnen.

Wenn du einen Reitstall oder Reitverein suchst, um Reiten zu lernen, wirst du wesentlich mehr Möglichkeiten finden, die klassische Reitweise zu erlernen. Vielleicht hast du ja sogar schon begonnen, die ersten Erfahrungen auf dem Pferderücken in dieser klassischen Ausbildung zu sammeln. Aber offensichtlich reizt dich etwas am Westernreiten. Sonst hättest du dieses Buch ja nicht bis zu dieser Stelle gelesen, sondern es längst weggelegt. Und nun taucht die Frage auf, ob es sich lohnt, nach einem Stall und Trainer zu suchen, bei denen du Westernreiten lernen kannst. Denn dies ist leider nicht immer einfach. (Dazu mehr auf den Seiten 30 bis 33.)

Sattel, Trense, Reiterkleidung

Ich möchte daher hier kurz die wichtigsten Unterschiede der beiden Reitweisen darstellen. Da ist zunächst einmal die Ausrüstung: Beim klassischen Reiten haben wir einen kleineren Sattel als im Westernreiten und an den Steigbügelriemen lose herabhängende Steigbügel. Der Westernsattel hat außerdem ein Sattelhorn, an das der Cowboy zum Beispiel sein Lasso hängen oder bei einer schnellen Kehrtwendung sich auch mal festhalten konnte. Das

Schon äußerlich unterscheiden sich Klassisch-Reiter und Westernreiter: Durch die Kleidung, durch Sattel und Zaumzeug.

Das Westernzaumzeug (links) Das Klassische Zaumzeug (rechts)

Der Klassisch-Reiter hat die Zügel immer in beiden Händen. Der gute Westernreiter reitet einhändig.

Zaumzeug für Dressur- und Springpferde ist so konstruiert, dass dem Pferd damit das Maul zugebunden werden kann. Bei Westerntrensen gibt es den Nasenriemen nicht, so dass das Tier das Maul öffnen kann. Klassische Reiter tragen ihre engen Hosen, vor allem deshalb, weil darüber die hohen Reitstiefel gezogen werden. Diese Reitstiefel geben dem Bein den notwendigen Halt, wenn man dem Pferd mit dem Unterschenkel die so genannten Hilfen, das heißt Anweisungen gibt. Der Cowboy dagegen hat einen breiten Sattel mit einem so genannten Fender, einem festen, breiten Lederstreifen zwischen Sattelblatt und Steigbügel. So kann er auch mit kürzeren Stiefeln reiten und darüber die unverwüstlichen Jeans tragen, die auch bei der Arbeit mit dem Vieh und auf langen Ritten nicht so schnell durchscheuern. In manchen Gegenden tragen die Cowboys aber auch hohe, wunderschön verzierte Stiefel. Und dann werden die Jeans innen getragen, damit man die Pracht auch sieht. (Mehr zu Western-Trensen, -Zaumzeug und -Sattel und auch zum Outfit des Westernreiters findest du auf den Seiten 35 bis 36 und auf den Seiten 51 bis 53.)

Die »Hilfengebung«

Dann unterscheiden sich die beiden Reitweisen durch ihre Hilfengebung. Das ist die Art und Weise, wie der Reiter seinem Pferd vermittelt, was er von ihm will. Natürlich sind diese so genannten Hilfen das A und O der Reiterei und das Wichtigste, was du lernen

Schau genau hin: Zwei Pferde im Trab – oben in der klassischen Reitweise, unten im Westernstil. Vor allem die Haltung des Pferdehalses ist unterschiedlich.

solltest. Bevor du als Reitanfänger jedoch richtig verstehst, was damit gemeint ist, wirst du schon ein paar Stunden auf dem Pferd verbringen und die entsprechenden Kapitel dieses Buches aufmerksam studiert haben müssen. Hier also nur ein paar wichtige Merkmale, die die beiden Reitweisen unterscheiden.

Der Klassisch-Reiter gibt seine Hilfen laufend. Das Pferd, das in dieser Reitweise ausgebildet ist, hat gelernt, dass es aufhören darf, etwas zu tun, wenn die Hilfen nicht mehr erfolgen. Der Reiter drückt oder klopft beispielsweise immer mit der Wade leicht gegen den Pferdekörper. Es ist so, als ob er ihm damit ständig leise sagt: »Lauf, lauf, lauf ...« Bekommt das Pferd dieses Kommando nicht mehr, so wird es langsamer oder bleibt sogar stehen. Beim Western wird dieser Befehl nur einmal gegeben: »Lauf.« Das ausgebildete Ranch-Pferd hat gelernt, dass diese Anweisung so lange gilt, bis ein anderes Kommando kommt. Der Reiter wiederholt seine Hilfe nur, wenn das Pferd aufhört, das zu tun, was es tun soll – was bei faulen Tieren schon mal passieren kann.

Sitz, Haltung und Zügelführung

Beim Klassisch-Reiten wird des Weiteren sehr viel Wert darauf gelegt, dass man richtig sitzt, dass die Knie eng am Pferdekörper liegen. Die Fußspitzen sollen nach vorne parallel zum Pferdekörper stehen. Und die Hände und Arme sollten in einer bestimmten Position gehalten werden. Die Zügel werden immer so gehalten, dass sie eine ganz leichte Spannung haben. Der Westernreiter dagegen wirkt eher lässig. Er sitzt im »Froschsitz« auf dem Pferd, die Knie etwas geöffnet. Die Waden liegen entspannt am Pferdekörper. Wo die Hände zu sein haben und wie die Zügel geführt werden, ist nicht so genau wie beim klassischen Reiten vorgeschrieben und hängt auch vom Alter und Ausbildungsstand des Pferdes ab. Sind Pferd und Reiter gut ausgebildet, dann hängen die Zügel auch mal durch und werden nur in einer Hand gehalten. Es ist oft ein langer Ausbil-

Was ist besser: Klassisch oder Western?

Um es ganz klar zu sagen: Keines von beiden! Es gibt keinen guten oder schlechten Reitstil. Es gibt nur gute und schlechte Reiter. Man sieht bei klassischen Reitern solche, die kein Fingerspitzengefühl haben und ihren Pferden über die Zügel zu viel im Maul herumzerren. Aber auch mancher so genannte Westernreiter lässt seine Zügel durchhängen, um sie plötzlich hochzureißen und das Pferd mit seiner »Hilfengebung« schmerzhaft zu überfallen. Es gibt in beiden Reitweisen Reiter, die mit den Stiefelabsätzen oder gar mit Sporen wie wild auf das Pferd einhämmern, weil sie nicht in der Lage sind, sich ihrem Pferd verständlich zu machen.
In beiden Reitweisen kommt es aber darauf an, dass Pferd und Reiter lernen, sich gut zu verstehen. In beiden Reitstilen ist es das Ziel, dass Mensch und Tier die Verständigungssignale gut beherrschen. Der Mensch muss es verstehen, mit diesen Hilfen zum richtigen Zeitpunkt in der richtigen Dosierung dem Tier verständlich zu machen, was es tun soll.
Wenn du in einem Reitstall oder bei Freunden die Erfahrung machst, dass man über das Westernreiten die Nase rümpft oder überhebliche Bemerkungen macht, dann lass dich nicht auf eine Diskussion ein. Denn das wäre ebenso, wie wenn Skifahrer darüber streiten, ob Langlauf oder Abfahrt-Ski oder vielleicht gar Ski-Springen das bessere Skilaufen ist.
Bleib cool und versuche der bessere Reiter zu werden.
Am meisten schadet es dem Ansehen der Westernreiterei, wenn jemand meint, er müsse nur Cowboy-Stiefel und Jeans anziehen, dem Pferd einen Westernsattel auf den Rücken knallen, schnitzbucklig und ohne jede Ausbildung durch die Gegend reiten – und schon sei er ein Westernreiter. Am meisten beeindruckt sind klassische Reiter, wenn sie sehen, wie gute Westernreiter fast ohne sichtbare Hilfen rasant und exakt ihre Pferde lenken. Und auch Pferd und Reiter macht es den größten Spaß, wenn sie so gut ausgebildet sind, dass sie sich mühelos verstehen.

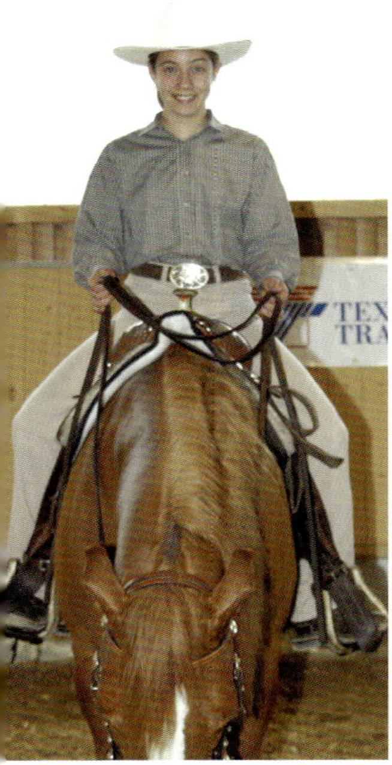

Achte mal auf Hände und Beine bei den beiden: Bei der Westernreiterin (links) sind die Hände weiter auseinander und die Knie gehen etwas mehr nach außen. Die Klassisch-Reiterin (rechts) hält die Hände enger und die Beine liegen eng am Pferdekörper.

dungsweg für beide – für Pferd und Reiter, aber das Ziel ist es, dass das Pferd mit den allergeringsten Hilfen genau weiß, was es zu tun hat. Erinnern wir uns noch einmal an die Arbeit des Cowboys und wir verstehen, warum dies so ist. Der »Kuhjunge« hatte vor allem das Vieh zu treiben, Kälber einzufangen oder sonstige Arbeiten vom Pferd aus zu erledigen. Diese Arbeit konnte er um so besser verrichten, je leichter die Verständigung mit seinem Reittier klappte und je weniger er sich auf das Pferd konzentrieren musste. Und dass das Reiten nicht unbedingt edel aussehen musste, sondern vor allem auch bei langen Arbeitsritten bequem sein sollte, versteht sich von selbst.

Unterschiedlich ist schließlich auch das, was man von den Pferden erwartet. Schau dir im Fernsehen einmal das Dressur- oder Springreiten an, und du bekommst einen Eindruck davon, was von den Pferden verlangt wird. Wiederum die Arbeit des Cowboys bestimmt, wie ein Westernpferd sich bewegen soll und welche Manöver es beherrschen muss. Tragen Dressurpferde beispielsweise den Hals eher erhoben, so wäre diese Haltung für den Cowboy ziemlich störend, wenn er sein Lasso werfen muss. Also werden Westernpferde so gezüchtet und trainiert, dass sie Hals und Kopf entspannt nach vorne richten. Sie sollen zudem extrem wendig sein und aus dem Stand lossprinten können – etwa um eine flüchtende Kuh wieder einfangen zu können. Doch wenn diese Arbeit erledigt ist, müssen sie auch schnell wieder ruhig werden. Sie sollen also besonders nervenstark und gelassen sein. Zugleich sollen die Pferde ruhig, gleichmäßig und entspannt in Schritt, Trab, Jog und Galopp zu reiten sein, um lange Strecken, zum Beispiel zur nächsten Stadt zurücklegen zu können. Am Ende dieses Buches werden einige Turnier-Disziplinen im Westernreiten vorgestellt. Sie geben dir einen Eindruck davon, was heutzutage ein gutes Westernpferd so alles kann.

Westernreiten – aber mit welchem Pferd?

Es gibt Pferderassen, die besonders gut fürs Westernreiten geeignet sind. Das sind die Quarter Horses, die Paint Horses und die Appaloosas. Und logischerweise wurden sie dort gezüchtet, wo diese Reitweise entstanden ist, also in Amerika. Westernpferde waren ursprünglich Arbeitspferde, die praktisch alles können mussten: Sie mussten Wagen ziehen, Viehherden über viele hunderte Kilometer begleiten oder Rinder aus der Herde treiben. Diese Pferde sind sehr wendig und beweglich. Sie können aus dem Dösen heraus fast ohne Übergang angaloppieren, von null auf hundert in Sekunden. Zugleich sind sie in der Lage, ausdauernd und gleichmäßig im Takt zu laufen. Sie sind nervenstark und gelassen und lassen sich auch durch ein paar aufgescheuchte Rinder nicht aus der Ruhe bringen. Gute Westernpferde sind sehr kontaktfreudig und dem Menschen wohlgesonnen. Wenn sie richtig behandelt werden, lernen sie schnell und tun ihre Arbeit willig.

Meiner Meinung nach sind die Westernrassen ideale Pferde gerade für Kinder und Jugendliche. Zum einen wegen ihres guten Charakters, aber auch wegen ihrer Größe. Diese Rassen sind meistens nicht sehr groß. Sie haben normalerweise eine Schulterhöhe (in der Fachsprache »Stockmaß«) von 1,45 bis 1,60 Metern. Damit

Das Entscheidende ist die Ausbildung: Auch mit einem Pony kann man gut westernreiten, wenn man ihm diese Reitweise beigebracht hat.

sind sie nicht zu groß, wenn du noch eher zu den Zwergen gehörst. Aber sie werden dir auch nicht zu klein, wie etwa ein Pony, solltest du dann doch in die Höhe schießen. Ich selbst bin immerhin 1,77 Meter groß und hatte noch nie das Gefühl, zu groß für diese kräftigen und bemuskelten Pferde zu sein.

Nicht nur Westernpferde sind geeignet

Natürlich kann man auch Pferde anderer Rassen in der Westernreitweise reiten und einige sind dafür auch ganz gut geeignet. Ein lebendiger Haflinger oder andere gut gerittene Reitponys, oder aber ein ruhiger und ausgeglichener Araber können durchaus ganz erfolgreiche Westernpferde werden. Voraussetzung dafür ist natürlich, dass sie – wie die Westernrassen auch – die Westernhilfen beigebracht bekommen haben. Gerade für Reitanfänger ist eine gute Westernausbildung des Pferdes fast wichtiger als seine Rasse. Denn nur wenn das Pferd auf die richtigen Signale korrekt reagiert, kannst du lernen, wie sich »richtiges Reiten« anfühlt. Das ist auch das große Problem der kleinen Ponys. Man denkt zwar, sie seien für Kinder gut geeignet. Doch meistens hat ihnen niemand beigebracht, wie sie auf die Hilfen reagieren sollen. Denn für Erwachsene mit Erfahrung in der Pferdeausbildung sind sie einfach zu klein. Du solltest aber auch wissen, dass es Pferderassen gibt, die für den Westernreitsport nicht so sehr geeignet sind. Die typischen Aufgaben im Westernreiten fallen ihnen sehr schwer. Sei es, weil sie von ihrem Körperbau und ihrem Temperament für ganz andere Zwecke gezüchtet wurden, wie beispielsweise große Kaltblüter. Sei es, weil ihre Art sich zu bewegen nicht so richtig zu dieser Reitart passt, wie beispielsweise bei Trabern. Die können nämlich nicht besonders gut galoppieren. Natürlich gibt es da bei allen Pferderassen auch immer Ausnahmen. Und mit viel Geduld kann jedes Pferd im Westernstil ausgebildet und geritten werden.

Wenn du dich mit dem Gedanken trägst, einmal an Westernturnieren teilzunehmen, und wenn du dann auch noch zu den Glücklichen gehörst, die ein eigenes Pferd bekommen, dann ist sicher ein Pferd aus den drei Westernrassen das Beste, was dir passieren kann: ein Quarter Horse, Paint Horse oder Appaloosa. Sie sind nun einmal speziell für diese Reitart gezüchtet worden.

Das American Quarter Horse

Das Quarter Horse ist eigentlich eine Mischung aus ganz verschiedenen Pferderassen, die mit den Einwanderern nach Amerika kamen: aus englischen und irischen Warmblutpferden, aus Arabern und Berberpferden sowie aus spanischen Pferden. Quarter Horses wurden zunächst gar nicht von den Cowboys gezüchtet, sondern von Siedlern im Süden der Vereinigten Staaten. Dort waren Pferderennen sehr beliebt, und zwar über sehr kurze Strecken von einer viertel Meile. Früher war eine Westernstadt etwa eine viertel Meile lang, und man veranstaltete die Rennen auf der Hauptstraße vom Ortseingang bis zum Ortsende. (Eine Meile sind ungefähr 1600 Meter; eine viertel Meile sind – wie du selbst schon längst ausgerechnet hast – 400 Meter.) »Viertel« heißt auf englisch »quarter«. Und daher haben die Quarter Horses ihren Namen, da man sie als extrem schnelle Sprinter sehr gerne in diesen Pferderennen laufen ließ.

Kaum jemand konnte sich damals in Amerika aber ein Pferd leisten, das nur bei Pferderennen zum Einsatz kam. Man brauchte die Pferde auch für das Ziehen der Karren und für die Ritte durch Felder und Plantagen. Bei den Züchtern achtete man deshalb auch darauf, dass die Hengste und Stuten, die man zusammenbrachte, um Fohlen zu zeugen, ganz bestimmte Eigenschaften hatten. Es waren Pferde, die nicht nur unglaublich schnell losgaloppieren konnten. Die Tiere sollten auch kräftig gebaut und zugleich sehr wendig sein. Sie sollten ein ruhiges Gemüt und eine hohe Leistungsbereitschaft haben. Diese Eigenschaften machten das Quarter Horse aber besonders geeignet für die Arbeit des Cowboys und für die Western-Reitsport-Disziplinen. Und so ist es auch heute noch das häufigste Pferd bei den Westernreitern.

Das American Paint Horse

Das Paint Horse ist im Grunde nichts anderes als ein geschecktes Quarter Horse. Das englische Wort »paint« heißt Farbe; »painted« bedeutet »angemalt«, oder – wie wir sagen würden – gescheckt (man muss das Paint Horse aber vom Pinto unterscheiden, der auch gescheckt ist, aber zu einer anderen Rasse gehört). Zunächst war es völlig gleichgültig, ob ein Quarter Horse einfarbig oder gescheckt war. Vor allem die Indianer, aber auch viele Cowboys fanden die Gescheckten besonders schön. 1940 legte dann jedoch ein Züchterverband fest, dass nur einfarbige Quarter Horses für die Zucht genommen werden dürfen.
Was aber tun mit den Gescheckten? Sie waren und sind in ihrer Art und ihrem Wesen nicht besser und nicht schlechter als die Einfarbigen. Außerdem kommt es immer wieder vor, dass auch bei einfarbigen Eltern ein geschecktes Fohlen zur Welt kommt. Man gründete in Amerika daher den Züchterverband für Paint Horses und züchtete nun gezielt die Schecken. Nun ist es aber so: Bestimmte Merkmale werden durch Vererbung von einer Generation zur nächsten immer weitergegeben, obwohl man sie äußerlich nicht sieht. Diese Merkmale kommen jedoch plötzlich bei einem neuen Fohlen zum Vorschein. So wie Quarter-Horse-Eltern darum manchmal ein geschecktes Fohlen haben können, so können Paint-Horse-Eltern unerwartet auch ein einfarbiges Fohlen haben. Der Zuchtverband für Paint Horses erkennt diese Einfarbigen aber auch als Paint Horses an. (Genauso ist es übrigens bei den Appaloosas, die auf der nächsten Seite beschrieben werden.) Ob Quarter oder Paint ist also nur eine Frage der Äußerlichkeiten. Für das Western-Reiten macht das keinen Unterschied.

Das Appaloosa Horse

Die dritte Rasse der Westernpferde sind die Appaloosas. Sie haben eine spannende und zugleich traurige Geschichte. Vor allem unter den spanischen Pferden fanden sich immer wieder auch getüpfelte Pferde, so genannte Tiger-Schecken. Die Getüpfelten hatten es besonders den Indianern angetan, und es gab einen Indianerstamm, die Nez Percé Indianer, die diese Pferde mit Fleckenmustern sehr erfolgreich züchteten. (»Nez percé« ist französisch und bedeutet »durchstochene« oder »gepiercte Nase«, wahrscheinlich wegen des Nasenschmucks, den diese Indianer trugen). Die Nez Percé lebten im Tal des Flusses Palouse (was »Palus« gesprochen wird), und »A Palouse Horse« – daher Appalousa – war auch bei den weißen Siedlern begehrt. Es waren schnelle, ausdauernde und mutige Pferde, die dazu noch hübsch aussahen.

Doch die Weißen waren es auch, die immer mehr Siedlungsland beanspruchten und die Indianer aus ihrer Heimat vertreiben wollten. Die Nez Percé wehrten sich lange und es kam zu vielen blutigen Schlachten zwischen ihnen und der amerikanischen Armee. Viele der Indianer kamen dabei um, und man tötete sogar ihre Pferde, damit sie nicht mehr kämpfen konnten. Schließlich wurden sie vertrieben und in ein Reservat verbannt. Die Pferde, die sie noch hatten, nahm man ihnen weg und verkaufte sie in alle Himmelsrichtungen.

Die Appaloosas wären wohl ausgestorben, wenn sich nicht ein paar engagierte Rancher um die Pferderasse gekümmert hätten. Sie gründeten einen Zuchtverband und suchten nach den Pferden, um sie wieder für die Zucht zusammenzubringen. Inzwischen gibt es die Getüpfelten wieder in großer Zahl und auf der ganzen Welt. Die Nez Percé Indianer leben aber bis heute in einem Reservat und haben nie wieder Pferde gezüchtet.

Bevor es in den Sattel geht

Leider ist das Reiten kein Sport wie Inlineskaten. Da kaufst du dir ein paar Inliner, Helm und Schützer. Ein bisschen Übung – und ab geht die Post. Ein Pferd jedoch findet man nicht an jeder Ecke. Du musst schon einen geeigneten Reitstall finden. Pferde sind Lebewesen, die verstanden und gut behandelt werden wollen. Man muss sie putzen, auftrensen und satteln, bevor es richtig losgehen kann. Man sollte mit Ruhe und mit ausreichender Zeit die Pferde vorbereiten. Lass uns die Sache also langsam und gründlich angehen. Schließlich soll das Ganze ja Spaß machen – dem Pferd und dem Reiter.

Westernreiten – aber wo?

Wo kann man Westernreiten und wer bringt es dir bei? Lange Zeit war das ein großes Problem. Als ich noch eine Jugendliche war und mit dem Reiten angefangen habe, gab es praktisch keine Western-Reitlehrer in Deutschland. Das ist glücklicherweise heute anders und man findet auch bei uns eine Vielzahl von Reitställen, in denen Western-Trainer tätig sind. Nach wie vor aber sind die Klassisch-Reitställe in der absoluten Überzahl, und nicht nur die Reitlehrer, auch die Pferde beherrschen die Hilfen der Westernreiter nicht. Du musst darum unter Umständen etwas längere Wege zu einem Reitstall in Kauf nehmen, wenn du dich fürs Westernreiten entschieden hast.

Bei der Auswahl eines Trainers solltest du außerdem Folgendes wissen: Die Klassisch-Reitlehrer haben alle eine bestimmte Ausbildung, die durch die Deutsche Reiterliche Vereinigung (FN), den Verband für die meisten Pferdesportarten, genau festgelegt ist. Bei den Western-Trainern kann es dir aber passieren, dass du auf einen Trainer triffst, der überhaupt keine Ausbildung als Reitlehrer hat. Da sich beim Westernreiten jeder, der das möchte, »Profi« nennen kann, selbst wenn er niemals eine Ausbildung oder Prüfung absolviert hat, muss man selbst bei Profi-Trainern genau darauf achten, was sie wirklich können. Vielleicht kann ein solcher Trainer selbst ganz gut reiten. Das heißt jedoch noch lange nicht, dass er es auch anderen gut beibringen kann. Als Anfänger kannst du außerdem noch gar nicht beurteilen, was gutes Reiten bedeutet. Was also tun, um einen guten Trainer zu finden?

Den richtigen Trainer finden

Auch für den Western-Reitsport gibt es Verbände, und dort bemüht man sich darum, dass auch die Westernreitlehrer eine gute Ausbildung bekommen. Da ist vor allem einmal die Erste Westernreiterunion Deutschland e.V., kurz EWU, zu nennen. Sie bietet Ausbildungskurse für Western-Amateur-Trainer an. Eine Grundausbildung hat der so genannte Trainer C. Damit kann er oder sie dir die wichtigsten Grundlagen des Westernreitens und des Umgangs mit Pferden beibringen. Bildet sich ein solcher Trainer weiter und macht zusätz-

Schau dir den Stall an, in dem du reiten lernen möchtest. Haben die Pferde genügend Auslauf? Sind Stall und Boxen sauber und gepflegt?
Foto: Texas Trading (Technik für Offenstall- und Freilandhaltung), Windach

liche Lehrgänge, dann kann er die B-Lizenz, oder als höchste Ausbildungsstufe die A-Lizenz bekommen.

Welche Schritte sind nun angesagt? Am besten, du informierst dich bei der EWU, wo es Trainingsställe für das Westernreiten gibt. Dort gibt es auch Listen mit allen Trainern, die eine C, B oder A-Lizenz haben. Auch andere Verbände und Organisationen des Western-Reitsports haben solche Listen mit Trainern (im Kasten auf der nächsten Seite findest du Namen, Telefon-Nummern und E-Mail-Adressen).

Natürlich gibt es auch Trainer ohne diese Lizenzen, die einen guten Reitunterricht machen. Und vielleicht ist einer ganz in deiner Nähe. Welche Ausbildung der Trainer auch immer hat – wichtig ist, dass du dir mit offenen Augen erst einmal gründlich den Stall anschaust. Sind die Boxen und die Stallgasse sauber oder muss man ständig durch Pferdemist waten? Sind die Pferde lebendig und neugierig oder stehen sie lustlos und traurig in ihren Boxen? Sind sie gut gefüttert oder sehen sie eher mager aus? Sind die Menschen auf der Reitanlage freundlich zu dir, oder hast du das Gefühl, dass du eigentlich nicht willkommen bist?

Dann spreche mit dem Reitlehrer oder der Reitlehrerin. Frage

Ein guter Trainer erklärt erst mal alles ganz genau.

ihn oder sie, wie der Unterricht aussieht. Beobachte, wie er oder sie mit Pferden und Menschen umgeht. Wenn dir etwas nicht verständlich ist, frage ihn, warum er dies oder jenes tut. Auch wenn er in deinen Augen mal grob mit einem Pferd umgeht, frage nach den Gründen. Du wirst selbst sehr schnell merken, ob eine Reitlehrerin, ein Reitlehrer eine verständliche Erklärung hat, für das was sie tun, oder ob sie nur ihre schlechte Laune am Tier auslassen. Schaue auch beim Reitunterricht zu. Kommandiert der Reitlehrer nur eine ganze Gruppe herum, oder beschäftigt er sich auch mit einzelnen Schülern? Steht er nur da und sagt gar nichts? Brüllt er nur schlecht gelaunt in der Halle herum und sagt, was die Schüler alles falsch machen? Oder bemüht er sich den

Adressen für Trainingsställe und Trainer

Die Reitverbände

Erste Westernreiterunion Deutschland e.V.
Tel.: 02581-92846-0
E-Mail: info@ewu-bund.de
Internet: www.westernreiter.com
Die EWU hat die umfangreichsten Trainerlisten und bildet auch spezielle Jugend-Trainer auf Amateur-Niveau aus. Eine Liste mit Westernreit- und Zuchtställen findest du auf der EWU-Homepage unter dem Stichwort ‚Verzeichnis'. Eine EWU-Trainer-Liste mit DSB-Lizenz A, B und C findest du ebenfalls dort, beim Unterpunkt ‚Trainer'. Die EWU hat auch in allen Bundesländern Landesverbände, die Auskunft über einzelne Reitanlagen und Reitlehrer geben können.

National Reining Horse Association Germany
Tel.: 09373-7100
E-Mail: nrha-germany@t-online.de
Internet: www.nrha.de/
Die NRHA ist der Sportverband für das Reining (Seite 167). Die Trainerliste der NRHA findest du im Internet unter www.nrha.de/files/kontakte_trainer.pdf .

Reitschülern verständlich zu machen, wie sie es besser machen können? Wenn du dies alles beachtest, bekommst du sicherlich schnell ein Gespür dafür, ob du hier am richtigen Platz bist und das Westernreiten gut lernen kannst. Vielleicht kannst du ja auch mit anderen Kindern und Jugendlichen im Stall in Kontakt kommen und sie nach ihren Erfahrungen fragen. Auf jeden Fall solltest du über die Dinge, die ich hier angesprochen habe, auch mit deinen Eltern sprechen. Denn höchstwahrscheinlich sind sie es ja, die deine Reitstunden bezahlen.

Ein eigenes Pferd?

Das ist sicher der Traum jedes Pferdenarren: Ein eigenes Pferd! Es soll natürlich eine ganz persönliche Beziehung zu seinem Besitzer haben und mit ihm durch dick und dünn gehen – so stellen wir uns das gerne vor. Aber ich muss hier eine dicke, große Warnung aussprechen. Ja ich muss sogar allen Reitanfängern und ihren Eltern dringend davon abraten, sofort ein eigenes Pferd zu kaufen. (Es sei denn, deine Eltern haben schon viel Erfahrung mit Pferden und wissen genau, was sie tun.)

Ein Pferd kann man nicht wie ein Fahrrad oder eine Gitarre einfach mal ein paar Wochen in die Ecke stellen. Man muss sich täg-

National Cutting Horse Association
Tel.: 0170-3448541
E-Mail: iris.domnick@t-online.de
Internet: www.ncha.de
Die NCHA ist der Reitverband für den Cutting-Sport. Was man in dieser Western-Disziplin machen und können muss, findest du auf Seite 168.

Die Zuchtverbände

Deutsche Quarter Horse Assocation
Tel.: 06021-58459-0
E-Mail: info@dqha.de
Internet: www.dqha.de
Der größte Zuchtverband für Western-Pferde vermittelt Trainer und Ställe. Der Verband hat auch besondere Kursangebote für Kinder und Jugendliche.

Appaloosa Horse Club Germany
Tel.: 09083-920401
E Mail: office@aphc-germany.de
Internet: www.aphc.germany.de

Paint Horse Club Germany
Tel.: 06727-894114
servicebuero@phcg.de
Internet: www.phcg.de

lich um es kümmern. Und auch wenn es in einem Stall steht, in dem gefüttert und ausgemistet wird, so muss man doch dafür sorgen, dass es genügend Bewegung hat. Ein Pferd kostet nicht nur eine Menge Geld (für Stall und Futter, für Hufschmied, Tierarzt und Versicherung), sondern auch viel Zeit! Als Anfänger weißt du auch noch gar nicht, ob das Reiten wirklich etwas für dich ist. Viele Leute stellen sich diesen Sport viel einfacher vor, als er tatsächlich ist. Vielleicht stellst du nach ein paar Reitstunden fest, dass Westernreiten doch ganz anders ist, als du es dir erträumt hast. Oder aber deine Interessen ändern sich nach einem Jahr und der Reitstall reizt dich gar nicht mehr so sehr. Dann steht da ein Tier, und keiner kümmert sich darum. Meiner Meinung nach sollte man an ein eigenes Pferd erst dann denken, wenn man alle die Reitaufgaben, die ich in diesem Buch beschreibe, gut beherrscht. Und das dauert selbst bei intensivem Training mindestens ein Jahr. Wenn du das erreicht hast und immer noch eine angefressene Reiterin oder ein Reiter bist, und wenn du dann noch zu den Glücklichen gehörst, deren Eltern sich ein Pferd leisten können, dann solltest du auf jeden Fall ein älteres, erfahrenes und möglichst gut ausgebildetes Pferd aussuchen. Auf keinen Fall ein junges Tier mit wenig Ausbildung. Denn das gehört in die Hand von erfahrenen Trainern!

Etwas anderes ist ein Pflegepferd. Wenn du das Glück hast, dich um ein Pferd zu kümmern, dann greif zu! Aber du solltest auf

Ein eigenes Pferd bedeutet eine hohe Verantwortung.

keinen Fall mit dieser Aufgabe alleine gelassen werden. Spreche dich bei allem genau mit dem Besitzer ab. Geh auch mit diesem Tier verantwortungsvoll um und – wann immer du unsicher bist, was du tun sollst – frage nach Rat und lass dir helfen!

Und was ziehst du an? Das Western-Outfit

Solange du keine Turniere reitest, ist es gar nicht so wichtig, was du zum Westernreiten trägst. Vor allem praktisch muss es sein. Aber natürlich haben sich bestimmte Kleidungsstücke bei diesem Reitstil durchgesetzt. Und vielleicht findest du ja gerade diese Bekleidung viel cooler, als das etwas steife Klassisch-Outfit.

Wichtig sind stabile Schuhe: Es sollten Stiefel oder hohe Schnürschuhe sein, die den Knöchel schützen und stützen. Und es muss ein Absatz dran sein, damit man nicht durch den Steigbügel rutscht.

Ganz wichtig: Gute feste Schuhe mit einem Absatz.
Foto: Vitallo Comfort-Shoes, Hilpoltstein

Das Outfit: Jeans, die ein bisschen zu lang sind, gehören auf jeden Fall dazu. Alles andere muss vor allem bequem sein.

Ein Wort zum Helm

Ich weiß – der Helm ist eine heikle Sache. Denn er sieht nicht sehr western-stylisch aus. Bedauerlicherweise machen es die Erwachsenen – wie auch beim Fahrradfahren – vor, wie leichtsinnig man sein kann. Der Helm muss leider sein! Es gibt auch einen Kopfschutz, den man in den Westernhut hineinschieben kann. Er ist zwar nicht ganz so stabil wie ein richtiger Helm. Aber er ist immer noch besser als gar nichts. Denn ein Sturz vom Pferd passiert fast jedem Anfänger mal. Meistens gehen solche Stürze glimpflich aus. Aber es kann eben auch etwas Ernsthaftes passieren. Und wenn dein Kopf gegen die Bande oder einen Pfosten knallen sollte, dann muss er geschützt sein. Er ist dein wichtigstes Körperteil! Ein verantwortungsvoller Reitlehrer wird dich ohnehin nie ohne Helm aufs Pferd lassen! Ich selbst trage oft den Helm, wenn ich ausreite es ist einfach sicherer.

Die Hosen? Natürlich Jeans! Achte darauf, dass die Nähte an der Innenseite der Beine nicht zu dick sind. Du scheuerst dich sonst leicht auf. Der echte Westernreiter trägt Jeans, die eigentlich zu lang sind und die beim Gehen schon etwas komisch aussehen. Aber auf dem Pferd mit angewinkelten Beinen haben sie dann die richtige Länge und rutschen vor allem beim Reiten nicht immer weiter nach oben.

Am Oberkörper trägst du, was bequem ist und was zur Jahreszeit passt. Nur zu weite Schlabberpullis oder -shirts sollten es nicht sein: Die könnten sich am Sattelhorn verfangen. Viele Westernreiter tragen gerne einen Gürtel mit einem Buckle (gesprochen wird das Backl), einer großen verzierten Gürtelschnalle. Beim normalen Training braucht man die eigentlich nicht. Bei Turnieren, Festen und Western-Veranstaltungen gehört der Buckle aber einfach dazu.

Und auf dem Kopf? Als Anfänger trägst du einen Helm! Das muss aus Sicherheitsgründen bei Kindern und Jugendlichen sein! Auch erwachsene Anfänger sollten Helm tragen. Erst der Erwachsene, der schon sicher reitet, kann die Schirmmütze, den Westernhut oder gar nichts aufsetzen. Zum Turnier gehört natürlich der Westernhut.

Wer reiten will, muss Pferde verstehen

Die meisten Menschen, die gerne reiten wollen, lieben die Pferde. Vor allem Kinder und Jugendliche in deinem Alter bringen oft eine riesige Portion Tierliebe mit in den Stall. Das ist auch gut so. Es ist die Grundlage dafür, dass wir unsere vierbeinigen Partner fair behandeln und gut für sie sorgen. Tierliebe alleine reicht jedoch nicht aus. Man muss sich auch Wissen über Pferde aneignen. Du musst wissen, wie diese Tiere sich verhalten und warum sie das tun. Du musst ihre »Sprache« verstehen, die ganz anders ist, als die menschliche Sprache. Pferde fühlen und handeln ganz anders als der Mensch. Sie können nicht über Dinge nachdenken wie wir und erkennen Zusammenhänge nicht, die für uns Menschen ganz selbstverständlich sind. Wir wissen, warum man Bettwäsche und Kleider an eine Wäscheleine hängt. Ein Pferd sieht nur ein flatterndes Etwas, das es nicht kennt. Es überlegt nicht, was das sein könnte, sondern reagiert schnell und spontan und ergreift die Flucht. Am besten vergegenwärtigst du dir einmal, warum die Natur die Pferde so geschaffen hat, wie sie sind.

Die Natur der Pferde

Du weißt sicher, dass die vielen Tier- und Pflanzenarten auf unserer Erde im Laufe von Millionen von Jahren entstanden sind. Alle Tiere, die wir heute noch auf unserem Planeten vorfinden, haben dabei ihren ganz eigenen Weg gefunden, zu überleben und sich zu vermehren. Dabei gibt es zwei grundlegend verschiedene Strategien oder Verhaltensweisen, um sich das Überleben zu sichern. Es gibt Raubtiere, die sich vom Fleisch anderer Tiere ernähren und darum eher angriffslustig und furchtlos sind. Und es gibt die Pflanzenfresser. Ihre Nahrung wehrt sich nicht und läuft nicht davon, aber Pflanzenfresser sind eine beliebte Beute für die Raubtiere. Alle Pflanzenfresser haben darum Verhaltensweisen und Eigenschaften entwickelt, die sie im besten Falle vor dem Gefressenwerden schützen. Ein Igel rollt sich beispielsweise

Die Liebe zu Pferden – das ist die Basis. Man muss sich aber auch Wissen aneignen, um sie zu verstehen.

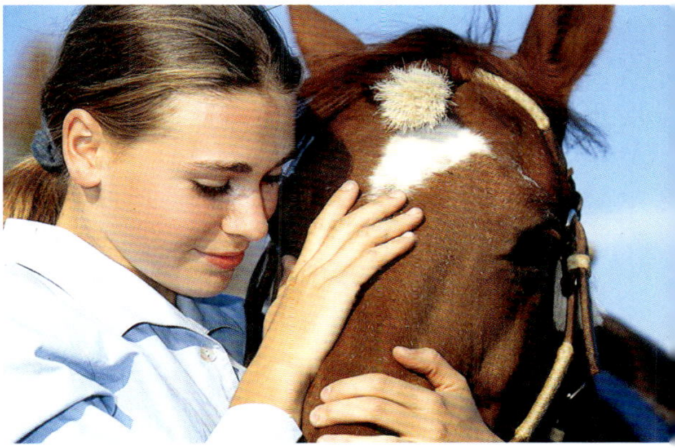

ein und streckt seine Stacheln aus. Die Elefanten wurden im Laufe der Evolution so groß, dass nicht einmal mehr Löwen gegen sie ankommen. Vielen Pflanzenfressern gelingt das Überleben aber durch die Flucht. So zum Beispiel den Rehen, den Hasen, den Antilopen und eben auch den Pferden. Wenn ein Tier erst mal überlegt, ob wirklich eine Gefahr vorhanden ist und was man dann denn tun könnte, wenn ein Raubtier naht, dann stehen seine Chancen in der freien Natur schlecht. So haben vor allem die Pferde überlebt, die sehr schnell auf erschreckende Gegenstände oder Bewegungen reagieren, ohne immer genau zu wissen, worum es sich bei dem »Schrecklichen« eigentlich handelt. Und nur diese Pferde konnten sich fortpflanzen und haben ihre Eigenschaften an ihre Nachkommen weitervererbt.

Viele Fluchttiere leben darüber hinaus in Herden. Denn ein einzelnes Tier wird viel schneller das Opfer eines Raubtiers. Besonders die Jungen können so besser geschützt werden. Bei Pferden geht eine Stute schon auch mal auf ein Raubtier los, wenn ihr Fohlen bedroht ist. Vor allem aber die Hufe des Hengstes können eine furchtbare Waffe sein, die der ganzen Herde einen gewissen Schutz bie-

tet. Das Herdenleben hat aber noch einen weiteren großen Vorteil: Die ganze Herde kann das Wissen und die Intelligenz von erfahrenen und klugen Tieren nutzen. Bei Pferden gibt es darum die Leitstute. Sie weiß, wo das saftigste Gras wächst, wo man Wasser findet und wo es salzhaltiges Gestein gibt, das man ablecken kann (Pferde brauchen für ihre Gesundheit auch kleine Mengen an Salz). Und sie ist am aufmerksamsten von allen und reagiert sofort, wenn sie eine Gefahr wittert. Ihr folgen alle bei der Flucht.

Gleichberechtigung gibt's hier nicht

Gerade wenn es um die Flucht geht, müssen alle Pferde dem Leittier bedingungslos gehorchen. Nur so kann sehr schnell ein Fluchtweg für möglichst alle gefunden werden. Auch wenn es darum geht, gute Futterplätze zu finden, können Tiere nicht – wie wir Menschen – in langen Auseinandersetzungen klären, wohin man nun gehen soll. Bei allen Herdentieren – und so auch bei den Pferden – gibt es daher sehr klare Regeln, wer wem zu folgen hat. Es gibt eine Rangordnung, in die sich jedes Tier einfügen muss. Die

Pferde sind Herdentiere. Sie brauchen ihre Artgenossen, um sich wohl und sicher zu fühlen.

Was würden Pferde uns sagen, wenn sie sprechen könnten?

rangniederen Tiere müssen sich den ranghöheren unterordnen. Sie gehen nie voraus und weichen zurück, wenn das ranghöhere Tier kommt. Das ranghöhere Tier darf zuerst fressen oder saufen. Und auch das hat seinen Sinn im Kampf ums Überleben in freier Natur. Denn wenn die Nahrung knapp wird, dann ist es wichtig, dass die erfahrenen und stärkeren Tiere überleben, die eine wichtige Rolle für die gesamte Herde spielen. Wer wem zu gehorchen hat, wird in der Pferdeherde eindeutig geklärt. Durch Rangkämpfe, in denen es durchaus hart zur Sache gehen kann, in denen schon auch mal Bisse und Huftritte eingesetzt werden, wird die Ordnung festgelegt. Niemals jedoch wird ein ranghöheres Tier auf ein rangniedriges ohne Grund losgehen und es angreifen. Respektiert das rangniedere Pferd seinen »Boss«, so wird es in Ruhe gelassen.

Wir Menschen sind für Gleichberechtigung untereinander und mögen es nicht, wenn einer mehr zu sagen hat, als der andere. Wir haben uns aber durch unsere Häuser und Ortschaften, durch Zäune und Waffen schon seit Jahrtausenden gut vor Raubtieren geschützt. Wir können es uns erlauben, auch einmal stundenlang zusammenzusitzen und solange zu diskutieren, bis wir uns einig sind oder eine Lösung gefunden haben, mit der alle leben können. Pferde in freier Wildbahn aber, die jederzeit in eine Gefahrensituation geraten können, müssen das Gefühl haben, dass sie sich voll und ganz auf die Herde verlassen können. Ein Pferd ist darum nicht unglücklich, wenn es nur in einer rangniederen Position ist. Viel wichtiger ist ihm, dass es sich sicher fühlen kann, auch weil es sich voll und ganz auf das ranghöhere Tier verlassen kann.

Mensch und Pferd

Pferde, wie wir sie heute kennen, gibt es etwa seit zwei Millionen Jahren. In dieser Zeit haben sich die Eigenschaften herausgebildet, die den Pferden das Überleben sicherten. Menschen, die uns schon recht ähnlich waren, gibt es erst seit 200 000 Jahren. Diese Menschen waren für die Pferde aber zunächst einmal »Raubtiere«, denn sie haben Pferde gejagt, getötet und gegessen. Erst etwa vor 5000 Jahren kamen Menschen auf die Idee, Pferde als Lastenträger und Reittiere einzusetzen. Seither haben wir Men-

Horsemanship

Es gibt bei den Westernreitern diesen Begriff, der sich nur schwer ins Deutsche übersetzen lässt, der uns aber sagen will, wie ein Cowboy sein Pferd behandeln sollte. »Horse« ist das englische Wort für Pferd. Ein »Horseman« ist ein Mensch, der gut mit Pferden umgehen kann und sie wirklich versteht. Und »Horsemanship« bedeutet in etwa die Kunst, Pferde so zu verstehen und so mit ihnen umzugehen, dass sie sich mit uns wohl fühlen und gerne tun, was wir von ihnen verlangen. Wenn du ein guter Westernreiter werden willst, dann musst du dich auch immer darum bemühen, ein »Horseman« zu werden.

schen zwar in der Pferdezucht versucht, die Eigenschaften dieser Tiere zu beeinflussen. Aber die grundlegenden Verhaltensweisen sind über die Jahrmillionen so tief in den Erbanlagen der Pferde verwurzelt, dass man sie nicht einfach wegzüchten oder wegtrainieren kann. Das muss uns immer gegenwärtig sein, wenn wir mit Pferden umgehen. Und wir Menschen dürfen nie vergessen: Ein Pferd kann gut ohne den Menschen leben, wenn es nur genügend Weideplätze und Wasser findet. Das Pferd hat sich uns nicht freiwillig angeschlossen. Es würde sich aus eigenem Antrieb niemals in eine enge Box stellen. Und es käme auch nie von sich aus auf die Idee, einen Menschen auf dem Rücken herumzutragen. Viel lieber würde es wie seine Urahnen den ganzen Tag frei herumlaufen und, wo immer es kann, Gras fressen.

Wenn wir es trotzdem für unsere Zwecke einsetzen, dann haben wir eine sehr große Verantwortung. Wir müssen dafür sorgen, dass es genügend Futter und Wasser bekommt. Wir sind dafür zuständig, dass es seinen natürlichen Bewegungsdrang ausleben kann. Wir müssen ihm helfen, wenn es krank wird. Wir müssen es schützen vor Gefahren wie beispielsweise vor Autos. Wir müssen faire Partner für unsere Pferde sein. Dazu gehört auch, dass wir von einem Pferd nicht erwarten dürfen, dass es uns Menschen wirklich versteht. Ein Pferd kann nicht »denken« wie wir. Es fühlt anders als wir, und reagiert so, wie seine Natur es ihm vorgibt. Es kann gar nicht anders. Wir als die intelligenteren Wesen haben darum die Verpflichtung, die Pferde zu verstehen und uns in sie hineinzufühlen. Wir müssen uns so verhalten, dass das Pferd uns nicht als Raubtier wahrnimmt, sondern als Wesen, zu dem man Vertrauen haben kann und bei dem man sich sicher und geborgen fühlt wie bei einer Leitstute.

Die »Sprache« der Pferde

Hau bloß ab!

Dazu gehört auch, dass wir genau beobachten, wie Pferde sich untereinander verständigen, wie sie zum Beispiel ihre Rangordnung klären. Wenn wir diese »Sprache« begreifen, dann können wir unsere Pferde besser verstehen. Wir merken, in welcher Stimmung sie sind und können darauf reagieren. Und wir können uns dieses Verstehen auch zunutze machen, um den Pferden besser mitzuteilen, was wir von ihnen wollen.

Die wichtigsten Mittel, mit denen sich Pferde verständigen, sind ihre Ohren, ihr Maul, ihre Augen, ihre Stimme und die ganze Körperhaltung. Vor allem die Ohren solltest du im Auge behalten. Und hier ein paar wichtige Sätze in »Pferdisch«:

Mein Gott, bin ich müde!

- Der Hals ist hoch erhoben. Die Ohren stehen hoch und zeigen nach vorne. Die Augen schauen ganz aufmerksam: *Was ist denn dort los? Könnte das gefährlich sein?*

- Die Ohren werden ganz nach hinten zurückgelegt. Die Mundwinkel sind nach oben gezogen. Die Augen schauen böse: *Hau bloß ab!*

Das ist ja interessant!

- Wenn das Pferd dann auch noch drohend das Hinterbein hebt und ein quietschendes Geräusch macht, dann heißt das: *Bleib mir bloß vom Leib! Sonst gibt es Haue!*

- Die Ohren sind leicht nach hinten gedreht. Die Unterlippe hängt herunter, der Kopf hängt auch etwas nach unten und die Augen sind halb geschlossen: *Mein Gott, bin ich müde.*

- Die Ohren stehen hoch und sind nach vorne gerichtet. Die Augen schauen aufmerksam. Hals und Kopf sind leicht gesenkt: *Das ist ja interessant! Wer oder was bist du denn?*

Hilfe, Gefahr!

- Die Ohren hängen schlapp zur Seite und schauen leicht nach hinten. Die Augen sind klein und wie eingesunken in die Augenhöhlen. Sie schauen stumpf und ohne jedes Interesse: *Mir geht es richtig schlecht und ich habe Schmerzen.*

- Die Ohren bewegen sich nervös nach allen Seiten. Der Blick ist unruhig und ängstlich. Der Schweif wird erhoben und das Pferd tänzelt herum: *Hilfe! Gefahr! Ich glaub, ich muss hier schnellstens weg.*

Der Pferdekörper

1 Huf
2 Fesselgelenk
3 Karpalgelenk
4 Bauch
5 Ellenbogen
6 Unterarm
7 Schulter
8 Brust
9 Nüstern
10 Mähnenkamm
11 Hals
12 Widerrist
13 Rücken
14 Kruppe
15 Schweifrübe
16 Flanke
17 Schweif
18 Fesselbeuge
19 Sprunggelenk
20 Unterschenkel
21 Knie

Vorhand, Mittelhand, Hinterhand

Ein Pferd hat natürlich keine Hände, sondern Beine und Hufe. Aber wenn man Reiter hört, dann haben Pferde sogar mehr Hände als Menschen. Nämlich eine Vorhand, eine Mittelhand und eine Hinterhand. Das ist mal wieder die Reiterfachsprache, die man nicht so ohne weiteres versteht.
Die Vorhand ist der vordere Teil des Pferdes mit seiner Schulter, den Vorderbeinen, mit Hals und Kopf. Es ist der Teil, der ***vor*** *der Hand des Reiters ist.*
Die Hinterhand ist der Teil, der ***hinter*** *der Hand des Reiters liegt, also die Kruppe, die Hüfte und die Hinterbeine.*
Die Mittelhand bezeichnet die Pferdemitte, dort wo der Reiter sitzt.

Der Umgang mit Pferden

Wenn du dir klar machst, wie Pferde in der freien Natur leben und welche Eigenschaften für ihr Überleben wichtig waren, dann werden dir sehr schnell bestimmte Regeln einleuchten, die du im Umgang mit Pferden immer beachten solltest.

- Bestrafe dein Pferd niemals dafür, dass es erschrickt und eine Fluchtreaktion zeigt. Bedenke immer, dass ein Pferd vor Dingen erschrecken kann, die wir als ganz harmlos ansehen. Ein Pferd weiß aber nicht, was eine Mülltonne, ein Holzstapel oder der Weihnachtsschmuck in der Reithalle ist.
- Mache keine hektischen, zappeligen Bewegungen, wenn du mit einem Pferd zu tun hast. Was du zu tun hast, erledigst du zielstrebig, aber ruhig. Auch deine Stimme bleibt immer fest und ruhig. Aufgeregtes Herumgeschnatter ist nicht angesagt im Umgang mit Pferden.
- Trete nicht so von hinten an ein Pferd heran, dass es dich nicht sieht und hört. Es könnte erschrecken und ausschlagen.
- Wenn Pferd und Mensch gemeinsam etwas tun, dann muss der Mensch der ranghöhere Partner sein. Das Pferd muss dich respektieren. Es darf dich nicht von dem Platz wegdrängen, auf dem du stehst. Es muss zurückweichen, wenn du mit dem Finger oder der Hand gegen seine Brust oder seine Flanke drückst. Es

Dein Pferd muss dir vertrauen. Nur durch Vertrauen können Mensch und Tier sich gemeinsam wohl fühlen. Informiere dich darum, wie man Vertrauen schafft.

Das kranke Pferd

Verantwortung für das Pferd zu übernehmen heißt auch, dass wir uns vergewissern, ob das Tier mit dem wir reiten wollen, gesund ist. Das gilt auch für Schulpferde. Natürlich können dir Pferde nicht sagen, wenn sie sich elend fühlen. Sie schreien oder weinen auch nicht, wenn sie Schmerzen haben. Auf folgende Zeichen solltest du deshalb achten:

- *Steht das Pferd schlapp und traurig in der Box und lässt seine Ohren hängen?*
- *Ist sein Fell rau und matt? Sehen seine Augen glanzlos aus?*
- *Hat es Ausfluss aus Nase oder Augen? Oder hustet es etwa oft?*
- *Atmet es schnell und unregelmäßig?*
- *Ist ein Bein geschwollen?*
- *Geht es lahm und hinkt, wenn du es führst?*

In diesen Fällen informierst du sofort den Pferde- oder Stallbesitzer. Sie müssen entscheiden, ob man mit dem Pferd noch reiten darf oder ob sogar der Tierarzt kommen muss.

darf dich nicht überholen, wenn du es führst. Sobald du stehen bleibst, muss auch das Pferd stehen bleiben. Wenn du ein Pferd hast, das dies alles nicht tut und das dich nicht respektiert, dann ist es nicht gut ausgebildet. In diesem Falle brauchst du Hilfe – oder noch besser: ein anderes Pferd.

- Für Pferde ist die Herde wichtiger als der Mensch. Ein Pferd darf darum niemals alleine gehalten werden. Es fühlt sich sonst so einsam wie ein kleines Kind, das in einem riesigen Kaufhaus voller Menschen seine Mutter verloren hat.
- Füttere niemals nur ein Pferd, während andere, die dabei stehen, leer ausgehen. Unter Umständen bringst du so die Rangordnung durcheinander und es gibt eine Keilerei.
- Pferde brauchen oft und regelmäßig Bewegung. Sie müssen sich auch mal frei, ohne Sattel und Reiter, bewegen können, am besten auf einer Koppel oder in der Halle.

Krankheiten erkennen

Durchfall

Woran erkennst du es?
Die Pferdeäpfel sind nicht fest, sondern eher flüssig, manchmal fast wie Wasser. Sie riechen sauer oder faulig. Bei manchen Pferden mit Durchfall macht der Darm laute Geräusche.
Was ist die Ursache?
Es gibt ganz verschiedene Ursachen für Durchfall beim Pferd. Manchmal ist es Stress oder Überforderung. Manchmal kommt Durchfall, wenn das Pferd plötzlich unterkühlt ist. Oft aber werden Fehler bei der Fütterung gemacht, die dem Pferd nicht gut tun.
Was tun?
Wenn der Durchfall nicht nach wenigen Tagen aufhört, oder wenn das Pferd Fieber hat (Fiebermessen wie beim Menschen – aber das Thermometer an eine Schnur binden, damit es nicht »verschwindet«), dann muss sofort der Tierarzt kommen. Eine bessere Fütterung muss mit dem Stallbesitzer und dem Pferdebesitzer abgesprochen werden. Stress vermeiden. Und Vorsicht: Bei Durchfall dürfen keine Karotten, Äpfel und kein frisches Gras gefüttert werden!

Hautpilz

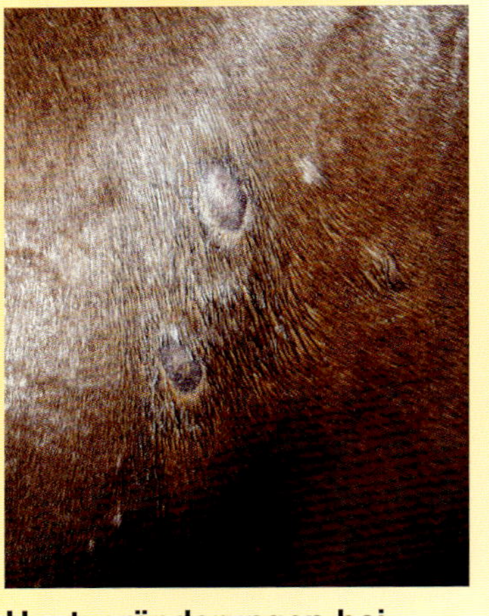
Hautveränderungen bei einer Pilzinfektion

Woran erkennst du es?
Zuerst bilden sich kleine Pusteln auf der Haut, vor allem am Kopf, Hals oder an der Schulter des Pferdes, aber auch dort, wo der Sattel und der Sattelgurt aufliegen. Dann fallen dort die Haare aus und die Stellen bedecken sich mit weiß-grauem Schorf.
Was ist die Ursache?
Pilzsporen gibt es unbemerkt in vielen Ställen. Zum Ausbruch der Krankheit kommt es in der Regel nur, wenn die Anzahl der Erreger stark zunimmt oder wenn ein Pferd schwache Abwehrkräfte hat, zum Beispiel weil es Stress oder schon eine andere Erkrankung hat.
Was tun?
Erst mal vorbeugen: Damit Pilze nicht von einem Pferd aufs andere übertragen werden und sich ausbreiten können, muss jedes Pferd ein eigenes Putzzeug haben. Putzzeug und die ganze Ausrüstung müssen regelmäßig gereinigt werden. Wenn doch mal ein Hautpilz auftritt: Das Pferd von den anderen Tieren trennen!

Hautpilz ist sehr ansteckend. Ein Pferd stirbt natürlich nicht am Hautpilz, aber die befallenen Stellen jucken stark und werden wund. Deshalb muss auch hier der Tierarzt her. Er hat wirksame Medikamente. Bei Pilzbefall müssen das Putzzeug, das Pad, der Sattel, das Zaumzeug und alle anderen Ausrüstungsgegenstände desinfiziert werden.

Kolik

Woran erkennst du es?
Das Pferd wird unruhig. Es hat in bestimmten Abständen krampfartige Schmerzen. Manchmal legt es sich immer wieder hin und steht gleich wieder auf, oder es wälzt sich. Manchmal scharrt es oder schlägt mit den Hufen in Richtung des Bauchs. Der Bauch ist gebläht oder krampft sich zusammen.
Was ist die Ursache?
Ursache sind Probleme mit der Verdauung wie Darmträgheit oder Verstopfung. Diese können ausgelöst werden durch mangelnde Bewegung, schlechtes Futter wie schimmeliges oder fauliges Heu, oder auch zu viel Kraftfutter.
Was tun?
Eine Kolik kann lebensgefährlich werden. Darum sofort den Tierarzt alarmieren! Bis der kommt, darf das Pferd auf keinen Fall etwas fressen! Man kann es aber ruhig ein bisschen saufen lassen. Halte den Bauch des Pferdes warm, etwa mit einer Decke. Wenn sich das Pferd hinlegt und dabei ruhig bleibt, sollte man es nicht zum Aufstehen zwingen. Manchmal tut dem Tier auch Bewegung gut. Aber nur geführt im Schritt, und nur, wenn es ohne Druck mitgeht.

Lahmheiten

Woran erkennst du es?
Das Pferd geht nicht locker und frei. Es sieht aus, als ob es mit einem Bein nicht richtig auftreten möchte und deshalb nicht in einem gleichmäßigen Takt geht. Die Fachleute sagen: Es geht nicht taktrein. Manchmal sieht man im Schritt fast nichts, sondern erst im Trab.
Was ist die Ursache?
Lahmheiten können so viele Gründe haben, dass die Tierärzte manchmal selbst Probleme haben, die richtige Ursache zu finden. Die harmloseste kann ein kleiner Stein im Huf sein. Manchmal lassen Verletzungen, Zerrungen oder Prellungen das Pferd lahm gehen. Aber auch sehr ernste Erkrankungen der Hufe oder der Gelenke kommen in Frage.
Was tun?
Zunächst mal kann man vorbeugen, in dem man sein Pferd nicht überfordert und »zu Schanden reitet«. Wenn es lahm geht, kontrolliere erst mal Hufe und Beine auf offensichtliche Gründe wie Steine oder Wunden. Dann muss auch hier der Tierarzt weiterhelfen.

Reiten will gut vorbereitet sein

Vor dem Reiten steht die Vorbereitung. Du gehst zunächst in die Box oder auf die Weide. Dort legst du dem Pferd das Stallhalfter an. Am Führseil führst du es zum Putz- oder Anbindeplatz und bindest es sicher an. Dann wird das Pferd erst einmal gut geputzt. Die Hufe werden ausgekratzt. Nun ist das Pferd bereit fürs Satteln und Trensen. Dafür kommt zunächst ein Pad auf den Rücken des Pferdes. Das ist die Satteldecke für Westernpferde und wird »päd« gesprochen. Dann kommt der Sattel drauf. Als Letztes wird das Trensengebiss ins Maul geschoben und das Zaumzeug über die Ohren gezogen.

Wer sich alles vorab bereitlegt, kann in Ruhe satteln und trensen und kommt nicht in Hektik.

Diese Vorbereitungen kannst du nicht aus einem Buch lernen – du musst es in der Praxis selbst ausprobieren. Dazu brauchst du auf jeden Fall einen Trainer oder einen erfahrenen Westernreiter. Lass dir von diesem »Lehrer« zuerst mal alles zeigen. Du solltest einige Male nur zuschauen. Dann versuche es selbst, aber zunächst immer mit deinem Lehrer an der Seite. Vor allem das Satteln und Trensen muss man einige Male üben, damit man mit den ganzen Riemen und Schnallen zurechtkommt. Aber mit etwas Routine wirst auch du das bald ohne Hilfe schaffen.

Weil man diese Vorbereitungen nun mal vor allem beim Tun erlernt, werde ich dir zu den einzelnen Schritten nur Hinweise und Tipps geben, worauf du besonders achten solltest. Der wichtigste Tipp gleich vorweg: Nimm dir genügend Zeit für das Putzen, Trensen und Satteln. Wenn du dein Pferd nur schnell aus der Box zerrst, kurz drüberbürstest und den Sattel auf den Pferderücken knallst, dann brauchst du dich nicht zu wundern, wenn dein Reittier lustlos und widerspenstig mit dir in die Reitbahn geht. Wenn du ihm dagegen Aufmerksamkeit und guten Willen entgegenbringst, dann wird dein Pferd beim Reiten auch eher gutwillig und aufmerksam sein.

Vom Führen, Anbinden und Putzen

Worauf du achten solltest, wenn du dein Pferd führst:

- Wenn du dein Pferd aus der Box holst, dann achte darauf, dass du dich immer zwischen dem Pferd und dem Ausgang bewegst. Sollte dein Pferd sich mal erschrecken und in Panik gera-

Kein unsinniges Kräftemessen!

Versuche niemals ein Pferd durch Krafteinsatz zu bewegen. Du wirst das Kräftemessen in jedem Fall verlieren. Pferde sind unglaublich stark. Zum Glück wissen sie es nicht. Wenn du dein Pferd führen willst und es nicht von der Stelle geht, dann ziehe niemals einfach nur am Führseil. Du hast keine Chance. Und das Pferd, das bisher noch gar nicht wusste, dass es stärker ist als du, merkt plötzlich, welche Macht es hat. Soll dein Pferd vorwärts gehen, dann ziehe immer wieder kurz am Seil, sodass das Pferd wiederholt einen kurzen Ruck im Genick spürt. Führe dein Pferd erst einmal in einen kleinen Kreis hinein. So kommt es besser in Bewegung und wird dir lieber folgen als aus dem Stand. Soll das Pferd rückwärts treten, so stemme dich niemals gegen das Pferd. Nimm das Seil und schwinge es immer wieder zum Pferd hin. Und vor allem: Sobald dein Pferd auch nur einen Schritt in die richtige Richtung gemacht hat, hörst du sofort mit Ruckeln oder Seilschwingen auf! Denn nur dann begreift dein Pferd, dass es nun das Richtige getan hat. Nur so lernt es: Wenn ich vorwärts gehe, hört die unangenehme Ruckelei auf – also gehe ich lieber gleich vorwärts.

ten, so kannst du schnell die Box verlassen. Dein Pferd kann dann auch nicht einfach davonspazieren.

- Immer wenn du dein Pferd führst, dann achte darauf, dass es genügend Abstand zu dir hat. Du bist das »Leittier«, und kein Pferd darf an der Leitstute oder dem Leithengst einfach vorbeirennen! Das Pferd soll zur Seite hin etwa eine Armlänge Abstand haben. Die Schulter des Pferdes darf nie vor deiner Schulter sein.
- Schaue beim Führen nicht ständig zurück zu deinem Pferd, sondern zielgerichtet geradeaus. Sonst »denkt« dein Pferd, du siehst nicht, wohin du gehst und fühlt sich unsicher. Wenn du mit sicheren Schritten vorangehst, wird dir dein Pferd auf jeden Fall folgen.
- Immer mit Führseil führen und nie direkt am Halfter. Sonst reißt es dir bei einer heftigen Bewegung des Pferdekopfes Arm und Hand hoch und du kannst dich verletzen.

Beim Führen soll das Pferd immer eine Armlänge Abstand von dir haben. So bist du sicher, dass es dir nicht auf die Füße tritt.

- Binde niemals das Führseil um die Hand! Durch die enorme Kraft, mit der ein Pferd daran reißen kann, wenn es erschrecken sollte, kann das Seil dir tief ins Fleisch schneiden. Es gibt Leute, die so sogar schon Finger verloren haben.

Wenn du dein Pferd beim Putzplatz anbindest, achte darauf:

- Das Pferd niemals an bewegliche Gegenstände wie Kutschen, Gartenbänke oder bewegliche Tore anbinden! Warum, ist ja wohl jedem klar. Wenn ein Pferd in Panik gerät, dann kann sogar ein normaler Holzpfosten wie ein Streichholz zerbrechen.
- Lass dir unbedingt zeigen, wie der Panikknoten geht, der auf dem Bild rechts oben zu sehen ist. Mit diesem Knoten, kann das Pferd sich nicht losreißen. Aber wenn mal eine gefährliche Situation entstehen sollte, kannst du selbst den Knoten mit einem Ruck lösen.
- Binde dein Pferd nicht zu niedrig an. Der Anbindebalken oder -ring sollte sich etwa in der Höhe des Widerristes des Pferdes befinden. Sonst bekommt das Pferd den Strick leicht über das Genick und erschrickt, wenn es den Kopf wieder hoch nehmen will. Oder es verheddert sich mit den Beinen im Strick.
- Wenn mehrere Pferde gleichzeitig geputzt werden, dann solltet ihr darauf achten, dass genügend Abstand zwischen den Pferden bleibt. Kommen sie sich zu nahe, dann kann es leicht zu Keilereien kommen, weil das rangniedere Pferd dem ranghöheren nicht genügend Raum lassen kann.

Beim Putzen und Hufauskratzen achte auf Folgendes:

- Du hast sicher schon beobachtet: Pferde »putzen« sich auch gegenseitig. Sie kraulen und beknabbern sich und zeigen sich so ihre Freundschaft. Auch du kannst dem Pferd deine Freundschaft zeigen, indem du es so putzt, dass es sich dabei wohl fühlt. Es gibt empfindliche und kitzelige Pferde, bei denen man lieber eine weiche Bürste nehmen sollte. Und es gibt Pferde, die es gern haben, wenn man sie mit der Wurzelbürste striegelt. Zu welchem Typ dein Pferd gehört, musst du herausfinden.
- Besonders gut müssen die Stellen geputzt werden, wo Sattel

und Gurt später aufliegen. Wenn dort Schmutz bleibt, scheuert sich das Pferd leicht wund.

- Nie gegen den Strich bürsten, sondern in die Richtung, in die die Haare liegen. Besonders empfindlich sind Pferde an den Beinen und vor allem am Kopf, weil dort die Knochen kaum von Muskeln umgeben sind. Denk nur mal an deine Schienbeine.
- Achte beim Hufauskratzen darauf, ob der Huf verletzt oder ein Eisen locker ist und informiere in diesem Fall den Pferde- oder Stallbesitzer.
- Lass deine Putzsachen und Hufkratzer nicht einfach auf dem Putzplatz oder in der Stallgasse herumliegen. Wenn ein Pferd oder Mensch darauf tritt, besteht Verletzungsgefahr! (Dorthin gehören übrigens auch keine Mistgabeln, Schubkarren oder Fahrräder!)

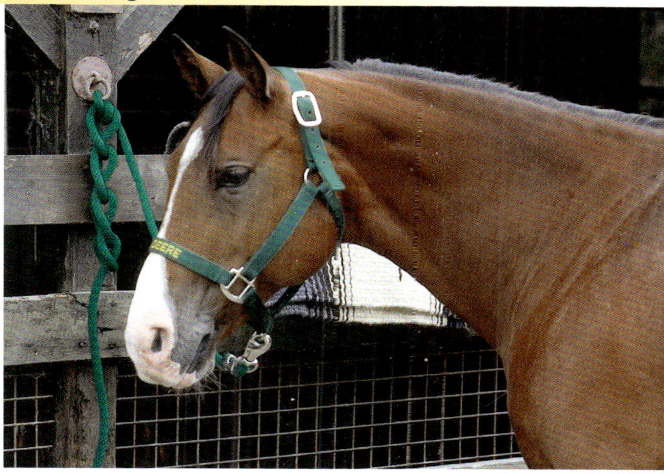

Lass dir zeigen, wie der Panikknoten geht und wie du ihn lösen kannst. Übe erst mal ohne Pferd.

Natürlich hat man den Westernsattel im Wilden Westen erfunden. Und darum haben viele Teile des Sattels eine amerikanische Bezeichnung. (Wenn die anders gesprochen wird als geschrieben, steht die Aussprache in eckigen Klammern.)

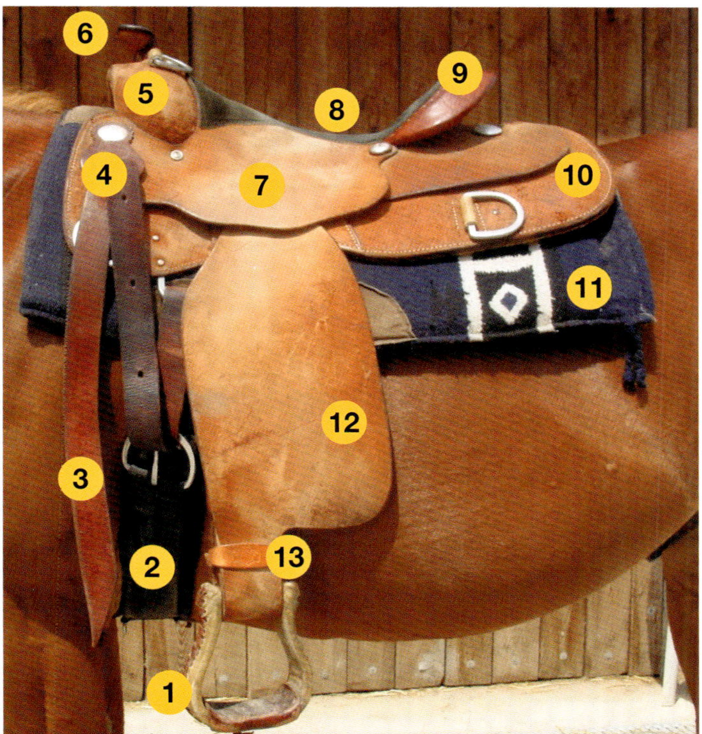

1 stirrup, [stirrap] (Steigbügel)
2 Bauchgurt
3 tie strap [tai sträp] (Gurtungsriemen)
4 tie strap holder (Schlitz für den Gurtungsriemen)
5 fork
6 horn (Sattelhorn)
7 side jockey [said dschokey] (Sitzschabracke)
8 seat [siit] (Sitzfläche)
9 cantle [kändl]
10 back jockey [bäck dschokey] (Hintere Schabracke)
11 pad [päd] (Satteldecke)
12 fender (Schweißblatt)
13 hobble strap [hobbl sträp] (Steigbügelriemen)

Vom Satteln und Trensen

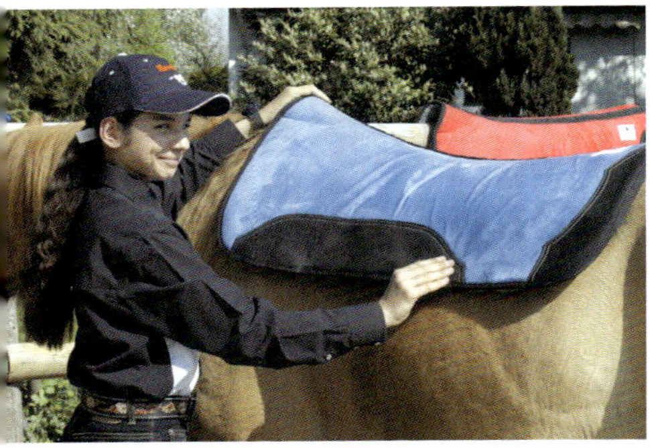

Zuerst das Pad ...

Welches Pferd bekommt welchen Sattel und welche Trense? Das entscheidest nicht du, sondern der Besitzer oder Reitlehrer. Denn nicht jeder Sattel passt auf jedes Pferd. Wenn du aber das Gefühl hast, der Sattel drückt oder scheuert auf dem Pferderücken, dann melde das dem verantwortlichen Erwachsenen. Die Trense muss zudem auch danach ausgesucht werden, wie gut jemand schon reitet. Als Anfänger wirst du in der Regel mit einem so genannten Snaffle Bit (gesprochen: Snäfl Bit), auch Wassertrense genannt, reiten. Es sollte doppelt gebrochen sein (dein Reitlehrer weiß, was damit gemeint ist).

... dann kommt der Sattel und wird festgegurtet ...

Achte beim Satteln auf Folgendes:

- Das Pad, also die Satteldecke legst du ein bisschen weiter vorne auf und ziehst es, wenn es auf dem Pferderücken liegt, wieder etwas zurück. Dadurch liegen die Haare des Pferdes glatt an.
- Lasse den Sattel nicht einfach auf den Pferderücken plumpsen, sondern versuche sein Gewicht etwas abzufangen. Wenn du noch recht klein bist, musst du dir beim Satteln ohnehin helfen lassen.
- Ziehe den Sattelgurt nicht gleich so fest an, dass deinem Pferd die Luft wegbleibt. Der Sattel darf aber auch nicht rutschen.
- Pferde spannen sich an und machen sich dicker, wenn man den Gurt festzieht. Nach einigen Schritten entspannen sie sich wieder und man kann nachgurten.
- Bevor du in den Sattel steigst: Das Nachgurten nicht vergessen! Sonst rutscht der Sattel beim Aufsteigen oder beim Reiten. Das ist nicht nur für deine Sicherheit wichtig. Der Sattel scheuert dem Pferd sonst auch auf dem Rücken und es wird nervös und widerwillig.

... und immer erst zum Schluss wird aufgetrenst.

Beim Trensen achtest du darauf:

- Aufgetrenst wird normalerweise von links.
- Gut erzogene Westernpferde geben ihren Kopf beim Auftrensen nach unten. Dafür legst du die rechte Hand zwischen die

Was macht die Trense im Maul?

Wenn du auf dem Pferd sitzt, dann möchtest du natürlich vom Pferderücken aus auf das Pferd einwirken. Eine Möglichkeit dafür sind die Zügel. Sie fassen die Trense wie ein extra langer Finger an (Genaueres dazu auf Seite 80) und können damit den Kopf des Pferdes in eine bestimmte Richtung ziehen. Die Trense zupft aber auch in den feinfühligen Mundwinkeln des Pferdes. Sie drückt auf die druckempfindlichen Kieferladen, also den Teil des Unterkiefers zwischen den Schneide- und Backenzähnen des Pferdes. Und sie übt Druck auf die Zunge und den Gaumen des Pferdes aus.
Ich hoffe, dass dir damit schon klar wird, wie behutsam die Zügel eingesetzt werden sollten. Und ich möchte dir hier schon ans Herz legen, besonders feinfühlig mit ihnen umzugehen.

Ohren auf die Stirn des Pferdes. In dieser Hand hältst du auch das Kopfstück.

- Schlage das Gebiss nicht gegen die Zähne des Tiers. Pferde haben empfindliche Zähne.
- Das Kopfstück ziehst du möglichst ohne großes Gezerre über die Ohren. Pferde mögen es gar nicht, wenn man ihre feinfühligen Ohren lange geknickt hält.
- Wenn das Pferd die Trense nicht gleich annimmt, dann schiebe deinen Daumen an der Stelle ins Pferdemaul, wo zwischen Schneidezähnen und Backenzähnen eine Lücke ist. In der Regel öffnet das Pferd dann das Maul.

Am Boden fängt das Reiten an

Okay – du möchtest aufs Pferd. Ich habe dafür vollstes Verständnis. Trotzdem möchte ich dir an dieser Stelle noch ein paar Übungen zeigen, die du vom Boden aus mit deinem Pferd machen kannst. Denn die Arbeit am Boden hat zwei große Vorteile: Erstens kannst du dein Pferd besser beobachten. Wenn du erst mal drauf

Wenn du dein Pferd führst, sollen seine Vorderbeine nie vor deinen Beinen sein. Es darf dich nicht überholen. Nur so akzeptiert das Pferd, dass du die Führung hast.

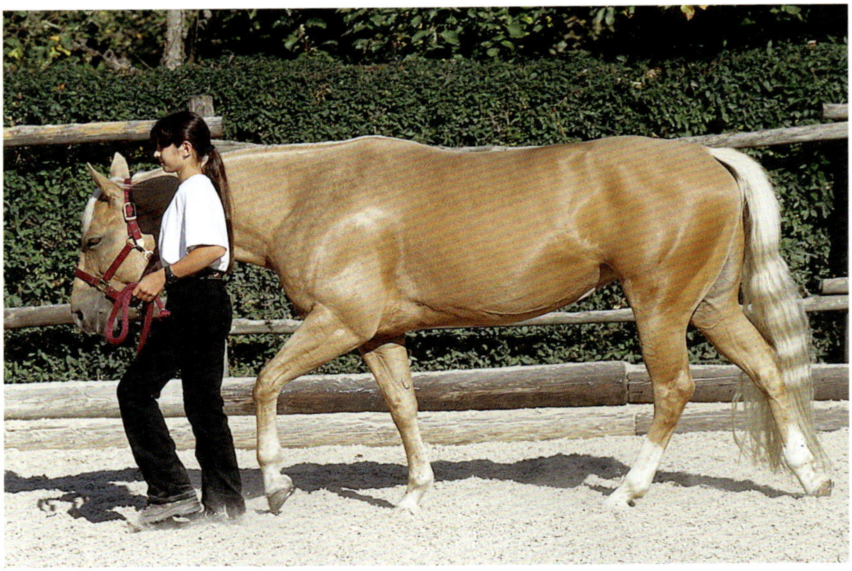

sitzt, dann siehst du bestimmte Reaktionen auf die Hilfengebung, mit der du dein Pferd führst, oft nicht mehr so deutlich wie am Boden. Das zweite ist, dass du bereits auf dem Boden die Rangfolge zwischen dir und deinem Pferd klären kannst. Wer schon am Boden sich nicht als ranghöheres »Leittier« beweisen kann, der wird auch auf dem Pferd Probleme haben!

Am Führseil

Schon das Pferd zu führen gehört zur Bodenarbeit. Wie ich bereits gesagt habe, zeigt sich schon hier, wer dominant ist, also das Sagen hat. Dein Pferd darf dich nicht überholen! Seine Vorderbeine gehen nie vor deinen Beinen. Und es hält zur Seite etwa eine Armlänge Abstand zu dir. Es soll mit dir gehen, ohne dass du ziehen musst. Das Seil hängt also immer leicht durch.

Anhalten ist die nächste Übung am Boden. Wenn du anhältst, muss dein Pferd auch sofort anhalten. Tut es das nicht, dann genügt oft schon ein kurzer Ruck am Seil, um ihm zu sagen, was du von ihm möchtest.

Wenn dein Pferd dich überholt, dann lasse es ein paar Schritte rückwärts treten. Das Rückwärtstreten solltest du auf jeden Fall üben, denn ein Pferd, das vor dir rückwärts geht, zeigt dir damit auch seine Unterwürfigkeit. Stelle dich vor das Pferd und mache dich so groß, wie du nur kannst. Dann lässt du den Strick in die

Dominanz – was ist das?

Dominant sein heißt ranghöher sein. Du als »Leittier« deines Pferdes bist also der dominante Partner. Was du in der Praxis dafür tun musst, habe ich schon mehrmals beschrieben. Dominanz ist aber auch eine innere Einstellung zu deinem Pferd.

Wer dominant sein will, darf kein Weichei sein. Wer sein Pferd nur betüttelt und verhätschelt und mit Leckerli verwöhnt, kann keinen Respekt erwarten. Das Pferd wird sich nicht sicher geführt fühlen. Es wird sich sagen: Ich verlasse mich lieber auf mich selbst und tue, was mir richtig erscheint.

Man muss gegenüber einem Pferd stark und sicher auftreten können und ihm klar zeigen, wo's längs geht. Das heißt aber nicht, dass du dein Pferd anschreien oder gar schlagen darfst, wenn es deiner Ansicht nach etwas falsch gemacht hat. Zu oft ist es so, dass dein Pferd gar nicht verstanden hat, was du von ihm möchtest. Du wirst schließlich auch sauer, wenn du für etwas bestraft wirst, das du eigentlich richtig machen wolltest. Bevor du herumschreist und schlägst, hol dir lieber Hilfe von jemandem mit Erfahrung im Umgang mit Pferden.

Und wer seine schlechte Laune am Tier auslässt, wird ohnehin nie ein »Horseman« und ein guter Westernreiter.

Richtung des Pferdes schwingen. Am Anfang nur leicht – wenn das nichts hilft, etwas stärker. Dazu kannst du mit der Zunge schnalzen. Das Rückwärtstreten kann man einsetzen, wenn das Pferd ungehorsam ist. Wenn du es aber übertreibst und dein Pferd damit strafst, obwohl es gar nicht verstanden hat, was es tun soll, dann werden Pferde sauer und arbeiten nicht mehr gerne mit.

An der Longe

Die Longe ist ein langes Führseil, an dem das Pferd im Kreis herumgeht. Longenarbeit muss dir jemand zeigen. Das kann auch ruhig ein Klassisch-Reiter sein. Als Anfänger darfst du auf keinen Fall alleine mit der Longe arbeiten. Die Gefahr ist zu groß, dass du dabei ernsthafte Fehler machst. Longenarbeit kann aber sehr hilfreich für das spätere Reiten sein:

Hier lernt man bereits, das Pferd zu führen: Wie bringt man ein Pferd dazu, loszugehen, wie hält man es an? Wie treibt man ein Pferd an, wie bremst man es ab? Du lernst die wichtigsten Stimmkommandos schon kennen, die ich auf Seite 82 genauer beschreibe. Damit kannst du dein Pferd schon in den Trab und den Galopp bringen. Du siehst, wie dein Pferd darauf reagiert. Durch die Longe, die am Halfter oder Kopfstück des Pferdes befestigt ist, bekommst du auch schon ein bisschen ein Gespür dafür, was geschieht, wenn man das Pferd am Kopf führt. Etwas Ähnliches tust du später mit den Zügeln.

Wichtig bei der Longenarbeit ist auch deine Körperhaltung. Ein Pferd sieht schon an der Haltung des Menschen, ob der es eher vorwärts drängt und ihm Druck macht, oder eher in Ruhe lässt und den Druck wegnimmt. Wenn du dich zu deiner vollen Größe aufrichtest, wenn du dich groß und stark machst und wenn du dann auch noch etwas auf das Pferd zugehst, dann wird es schneller laufen. Es bewegt sich eher weg von dir. Machst du dich klein und unscheinbar und gehst leicht zurück, dann wird dein Pferd langsamer und bleibt meistens schließlich stehen. Dabei spielt es gar keine Rolle, wie groß du tatsächlich bist – entscheidend ist die Haltung, die du ausstrahlst.

Ein Pferd an der Longe richtig zu führen ist gar nicht so einfach. Als Anfänger brauchst du dafür unbedingt die Hilfe eines erfahrenen Reiters.

Die Longe in deiner Hand

Lass dir genau zeigen, wie du die Longe halten musst. Wickle sie niemals um deine Hand! Wie beim Führstrick könnte es sonst ernsthafte Verletzungen geben, wenn das Pferd mit seiner ganzen Kraft daran zieht. Am besten trägt man feste Handschuhe bei der Longenarbeit.
Lasse die Longe auch nie auf dem Boden streifen. Denn wenn das Pferd darauf tritt oder sich darin verwickelt, kann es auch für dich gefährlich werden.
Versuch auch einmal – mit Hilfe deines Lehrers – dein Pferd schneller oder langsamer gehen zu lassen, und zwar nur dadurch, dass du deine Position zum Pferd etwas änderst. Beim Longieren musst du natürlich in der Mitte stehen und dich drehen. Nun kannst du aber beim Drehen durch zwei bis drei kleine Schritte deine Stellung zum Pferd verändern. Geht das Pferd nach rechts, dann bewegst du dich so, dass deine rechte Schulter mehr beim Pferdekopf ist. Achte darauf, dass die Longe dabei nicht durchhängt. Dein Pferd wird durch diese Bewegung auf den Kopf zu ausgebremst. Es wird langsamer laufen. Machst du ein paar Schritte in die andere Richtung, so dass deine linke Schulter mehr auf der Höhe des Pferdehinterteils ist, dann hat dies eine treibende Wirkung. Das Pferd geht schneller. Achte auch hier darauf, dass das Seil weder zu stark angespannt ist noch durchhängt. Diese Übung zeigt dir ganz deutlich, wie genau Pferde den Menschen wahrnehmen und wie fein sie auf unsere Körperhaltung und -position reagieren

Die Longe kann man am Halfter befestigen, oder – wie auf diesem Bild – an der Trense. Wie man die Longe an der Trense befestigt, muss dir ein Helfer zeigen.
Die Zügel bindest du dann am Sattelhorn fest, und zwar so dass sie etwas durchhängen. Dann kann dein Pferd Kopf und Hals ohne Störung bewegen.

Bodenübungen für Könner

Vom Boden aus kannst du dem Pferd auch schon Dinge beibringen, die du später, auf dem Rücken des Pferdes, mit ihm machen möchtest. Du kannst ja schon mal einen Blick auf die Seiten 126 bis 128 werfen. Da geht es darum, dass das Pferd nur seine Hinterhand bewegt und vorne stehen bleibt. Oder umgekehrt, dass es die Hinterbeine stehen lässt und die Vorhand bewegt. (Wenn du nicht mehr weißt, was Vorhand und Hinterhand bedeutet, lies nach auf Seite 43.) Oder auch, dass das Pferd sich seitwärts bewegt. Diese Übungen sind nicht ganz einfach, vor allem für Reitanfänger. Deshalb sollte dir jemand zeigen, der das gut kann, wie es genau geht, und es mit dir üben.

Eine **Vorhandwendung** bedeutet: Die Vorderbeine des Pferdes bleiben am gleichen Fleck. Mit den Hinterbeinen geht es in einem Kreis um die Vorderbeine herum. Dazu stellst du dich in Höhe der Pferdeschulter zum Pferd hin. Das Führseil nimmst du kurz, direkt unterm Pferdekopf. Halte den Arm ruhig, sodass der Kopf an einer

Kurse für Bodenarbeit

Vom Boden aus mit einem Pferd zu arbeiten, ist gar nicht so einfach, wie es vielleicht scheint. Viele Trainer bieten deshalb spezielle »Bodenarbeitskurse« an. Ich kann nur jedem Reitanfänger dringend empfehlen, einen solchen Kurs zu machen. Du kannst dabei sehr gut beobachten, wie ein Pferd reagiert und wie es lernt. Man übt dabei auch schon, den eigenen Körper zu beherrschen und die richtigen Signale der Körpersprache zu geben. Und man hat dabei noch sicheren Boden unter den Füßen.
Aber auch das Pferd lernt dabei sehr viel. Es lernt auf den Menschen zu achten und zu verstehen, was der von ihm will. Und es hat schon viele Übungen kennengelernt, die es später mit dem Reiter auf dem Rücken wieder macht, und tut sich dann leichter.

Das Reiten über Stangen ist für das Pferd einfacher, wenn es dies ohne Reiter schon gelernt hat.

Stelle bleibt. Dann tippst du mit einer Gerte gegen die Hüfte des Pferdes, bis die Hinterbeine einen Schritt zur Seite machen. Es reicht völlig, wenn du das Pferd am Anfang nur einen Schritt machen lässt. Mach eine deutliche Pause, bevor du es nochmal probierst.

Eine **Hinterhandwendung** bedeutet: Nun bleiben die Hinterbeine des Pferdes am gleichen Fleck. Die Vorderbeine bewegen sich in einem Kreis um sie herum. Du stellst dich dafür schräg vor das Pferd. Deine Hand, die das Führseil hält, zeigt in die Richtung, in die das Pferd mit den Vorderbeinen gehen soll. Du tippst nun die Schulter des Pferdes an, bis es mit den Vorderbeinen einen Schritt zur Seite macht. Auch hier ist wichtig: Zuerst nur einen Schritt und dann eine Pause.

Übungen: Seitwärts über Stangen

Manche Pferde gehen nicht gerne über Hindernisse, wenn sie das noch nie getan haben. Wenn ein Pferd aber lernt, über Stangen zu gehen, über der Stange stehen zu bleiben oder über der Stange sogar seitwärts zu gehen, ist das sehr gut. Es lernt, keine Angst vor Hindernissen zu haben, seine Beine zu heben und an die richtigen Stellen zu setzen und gut auf dich zu hören.
Bei dieser Übung soll das Pferd seitwärts gehen. Du wirst das erst dann mit dem Pferd üben, wenn du vom Boden aus eine gute Hinterhandwendung und eine gute Vorhandwendung hinbekommst. Zuerst übst du ohne eine Stange am Boden.
Du lässt dein Pferd nur einen Schritt mit den Hinterbeinen machen, wie bei einer Vorhandwendung (wie oben beschrieben). Dann lässt du es gleich einen Schritt wie bei einer Hinterhandwendung machen. Das Pferd ist damit einen Schritt zur Seite gegangen.
Nun machst du erst mal eine Pause. Diese Stehpause ist wichtig, weil sie dem Pferd zeigt, dass es alles richtig gemacht hat. Dann wiederholst du den Bewegungsablauf: Erst die Hinterbeine einen Schritt seitwärts, dann die Vorderbeine. Mit der Zeit wird das Pferd die Bewegungen immer flüssiger machen können, bis es fast nur noch in einer Bewegung zur Seite tritt.
Erst wenn das in beide Richtungen gut klappt, arbeitest du mit einer Stange. Führe das Pferd zunächst mehrere Male über die Stange. Wenn das kein Problem mehr ist, lässt du das Pferd über der Stange anhalten. Die Vorderbeine sind vor, die Hinterbeine hinter der Stange. Dann machst du die Übung genauso wie ohne Stange. Auch jetzt lässt du das Pferd anfangs immer nur einen Schritt machen. Dann kommt eine Pause, damit das Pferd ruhig und gelassen bleibt. Erst wenn es mehrere Seitwärtsschritte mit Pause dazwischen gut hinbekommt, kannst du mehrere Schritte hintereinander versuchen.

Das ABC des Westernreitens

Wer lesen will, muss das Alphabet beherrschen. Erst wenn man das ABC beherrscht, kann man Wörter, dann ganze Sätze und schließlich »Harry Potter« oder »Heartland« lesen. Hier geht es nun um das ABC des Westernreitens, um die wichtigsten Grundlagen. Dazu gehören auch die Hilfen, die Signale, durch die du dich dem Pferd verständlich machst. Es ist sehr wichtig, dass du sie gut beherrschst. Je besser du verstehst, wie die Hilfen wirken und je genauer und feiner du die Hilfen einsetzen kannst, um so besser funktioniert die Verständigung zwischen dir und deinem Pferd. Lese diese Abschnitte über die Hilfen darum besonders aufmerksam durch. Versuche dir alles lebendig vorzustellen. Lese nicht einfach über die Stellen hinweg, die du nicht verstehst. Es könnten die wichtigsten Hinweise sein. Frage unbedingt einen erfahrenen Reiter, wenn du an einer Stelle nicht genau weißt, was gemeint ist.

Ein guter Sitz – was ist das?

Sitzen kann jeder – so denkt man. Wozu also dieses Kapitel? Aber Sitzen auf einem Pferd – das ist schon eine besondere Sache. Solange das Pferd nur steht, ist das natürlich keine Kunst. Doch auf einem stehenden Pferd zu sitzen, wird mit der Zeit ganz schön langweilig. Es sollte sich also in Bewegung setzen. Das heißt vor allem, dass sich seine vier Beine bewegen, und das in einem unterschiedlichen Rhythmus, je nach dem, ob das Pferd im Schritt, Trab oder Galopp läuft.

Diese Bewegung der Beine bewirkt natürlich auch eine Bewegung des Pferderückens, auf dem du sitzt. Und auch der Pferderücken bewegt sich unterschiedlich je nach Gangart (womit wir Rei-

Warum die ganze Mühe?

Das Westernreiten wie es hier beschrieben wird, ist nicht immer einfach zu erlernen und braucht viel Übung. Vielleicht gehörst du zu den schnellen Typen, die am liebsten gleich beim ersten Ritt im gestreckten Galopp über die Stoppelfelder düsen würden. Mag sein, dass du auch andere Kinder und Jugendliche kennst, die schon nach wenigen Reitstunden Ausritte unternehmen und danach nie wieder Unterricht nehmen.

Aber offen gesagt: Mit gutem Reiten hat das für mich eben so wenig zu tun, wie die Reiterei in den Cowboy-Filmen (lies nach auf Seite 12). Von A nach B reiten, das kann jeder. Aber eine wirkliche Kontrolle über das Pferd hat man damit keineswegs. Denn du hast keine Möglichkeit, dem Pferd deutlich mitzuteilen, was du von ihm möchtest, und das Pferd versteht nur ungefähr oder gar nicht, was es tun soll. Im Zweifelsfalle oder wenn es sich in Gefahr sieht, tut das Pferd einfach, was sein Instinkt ihm sagt. Beim Reiten in der Gruppe wird das Tier sich nach seinen Artgenossen richten – und nicht nach dir. Wenn du alleine reiten möchtest, wirst du es noch schwerer haben – denn das Tier hat nun niemanden mehr, dem es wirklich vertraut: Denn du kannst die Führung sicher nicht übernehmen, das spürt ein Pferd mit aller Deutlichkeit.

Die Sache kann daher wirklich gefährlich werden, zum Beispiel wenn ein Pferd erschrickt und mit dir auf dem Rücken davonrast. Vor allem aber wirst du niemals das starke Gefühl erleben, das man hat, wenn ein Pferd voll Vertrauen auf die kleinsten Signale des Reiters reagiert und genau das tut, was man von ihm möchte. Für dieses Gefühl lohnt es sich ganz gewiss, einige Mühen, Ausdauer und Geduld aufzubringen.

ter die Art der Fortbewegung beim Pferd bezeichnen, also eben Schritt, Trab, Jog, Galopp).

Du kennst sicher diese Rodeo-Maschinen, die aussehen wie Rinder, auf die man sich setzt und die dann anfangen, sich immer schneller und wilder zu bewegen, bis man sich schließlich nicht mehr halten kann und – hoffentlich weich – auf dem Boden landet. Solche schnellen Drehbewegungen machen ausgebildete Pferde glücklicherweise nur selten. Doch es passiert schon Einiges, wenn ein Pferd trabt oder galoppiert. Beobachte einmal genau, wie der Pferderücken sich in den drei Gangarten Schritt, Trab und Galopp bewegt. Und zwar nicht nur vom Hals zur Kruppe, sondern auch die linke und die rechte Körperhälfte vorne und hinten.

Sitzen auf einem Pferd – ein Kinderspiel?

Wenn du auf dem Pferd sitzt, dann wirst du feststellen, dass dessen Bewegungen im Schritt kaum Probleme machen, wenn das Pferd ruhig geht. Man kann sich einfach tragen und wiegen lassen. Anders aber im Trab und Galopp. Hier wirst du anfangs manchmal ganz schön im Sattel auf- und ab- und hin- und hergeworfen. Das ist leider nicht nur für dich ein Problem. Auch das Pferd bekommt jedes Mal einen Stoß ins Kreuz, wenn du auf seinen Rücken plumpst. Stell dir vor, du hast einen Rucksack auf dem Rücken, und wenn du anfängst zu rennen, dann beginnt er zu hüpfen und haut dir bei jedem Schritt ins Rückgrat. Du würdest dich schnell verspannen und die Lust am Laufen verlieren. Die Kunst ist darum so auf dem Pferd zu sitzen, dass dein Po, dein Becken und deine Hüften mit den Bewegungen des Pferderückens mitgehen, als wäre dieser Körperteil ein Teil des Pferdes.

Ein guter Sitz will gelernt und geübt sein – vor allem wenn es schneller geht.

Nicht klammern!

Nun gibt es aber noch ein Problem: Wir Menschen sind manchmal Klammeraffen. Gerade am Anfang wirst du nicht immer so leicht mit den Bewegungen des Pferdes mitgehen können. Es hoppelt schon mal, und du bekommst Angst, die Balance zu verlieren. Wir Menschen reagieren dann instinktiv so, dass wir uns mit den Beinen festklammern. Denn seit du laufen kannst, sind die Beine deine Versicherung, dass du die Balance nicht verlierst. Oder aber wir halten uns mit den Händen fest, wie zum Beispiel, wenn wir in einer Straßenbahn stehen, die um eine Kurve fährt oder plötzlich bremst. Beim Reiten haben wir nun die Zügel in der Hand – und was tun wir automatisch und wie im Reflex? Sobald es brenzlig wird, versuchen wir uns gerne über die Zügel einen besseren Halt zu verschaffen.

Was mache ich nur falsch?

Aber auch das Pferd reagiert instinktiv auf solche Klammer-Aktionen – und zwar leider ganz anders, als wir uns das wünschen würden. Druck an seinen Flanken bewirkt, dass es losläuft oder gar schneller läuft. Was passiert, wenn du am Zügel zerrst, wird dir schnell klar, wenn du noch einmal die Erklärung auf Seite 53 nachschlägst, was die Trense im Pferdemaul bewirkt. Ein fester Ruck verursacht nicht nur Schmerzen. Das Pferd reagiert unter Umständen auch so, dass du erst recht das Gleichgewicht verlierst und unsicher wirst, zum Beispiel, wenn es plötzlich unkontrolliert rückwärts geht. Die zweite große Kunst ist also, die Balance auf dem Pferderücken so zu halten, dass du weder die Hände noch die Beine brauchst, um dich festzuhalten. Glücklicherweise sind wir Menschen – anders als Tiere – in der Lage, unsere natürlichen Reflexe bewusst zu unterdrücken und andere Körperreaktionen und -bewegungen zu erlernen und einzuüben. Auch du wirst mit einiger Übung bald in der Lage sein, die Bewegungen des Pferdes mit Po und Hüften so mitzumachen, dass du die Beine und Hände nicht mehr brauchst, um Sicherheit und Balance zu bekommen. Wir werden später sehen, dass dies auch das A und O ist, wenn du die Hilfen gibst, wenn du

Wichtig ist ein aufrechter, aber entspannter Sitz. Das kann bei jedem ein bisschen anders aussehen, weil jeder einen anderen Körperbau hat.

also mit den Beinen und über den Zügel dem Pferd signalisierst, was es tun soll. Dann machen wir es uns ja gerade zu Nutze, dass das Pferd auf den Druck der Beine oder den Zug der Zügel auf eine ganz bestimmte Art und Weise reagiert.

Die richtige Haltung

Doch wie erlernt man nun die Kunst des Sitzens? Zunächst solltest du darauf achten, dass deine Haltung stimmt:

- Du sitzt entspannt, aber gerade in der Mitte des Sattels. Achte darauf, dass du nicht nach hinten an den Sattelrand rutschst. Man sollte nicht krumm und bucklig auf dem Pferd herumlümmeln – so kannst du beim Reiten keine Balance halten. Noch wichtiger ist es aber darauf zu achten, dass deine Pobacken, deine Oberschenkel, deine Waden und auch deine Schultern entspannt sind. Dein Körpergewicht ruht auf dem Gesäß. Spüre die Sitzknochen und bringe dein Becken in eine solche Lage, dass du praktisch auf den unteren Nähten der hinteren Hosentasche sitzt.
- Deine Beine liegen locker am Pferd. Auch sie sind entspannt und üben keinen Druck auf den Pferdekörper aus. Man dreht die Knie sogar eher etwas nach außen wie ein Frosch – ich nenne es deshalb gerne den Froschsitz. Du sitzt wie auf einer Tonne. Auch

deine Oberschenkel und die Waden liegen locker an der Seite des Pferdes.

- Mit den Füßen hältst du die Steigbügel. Das heißt, dass der Fußballen oder die Fußmitte auf dem Bügel liegt und der Fuß ihn ohne viel Kraft, nur durch das eigene Gewicht, hält. Meistens bleibt der Steigbügel waagerecht. Manche Reiter und Reitlehrer meinen, man müsse die Ferse nach unten drücken. Ich mache das aber nicht so, weil sich dadurch die Muskeln an der Wade anspannen. Wenn Pferde dagegen gut ausgebildet sind, dann reicht schon dieser leichte Druck, den die Wade durch Anspannung ausübt, um dem Pferd ein Signal zu geben. Auch wer die Fußspitze nach oben zieht, spannt automatisch Wade und Oberschenkel an. Die Fußspitzen können – anders als beim Klassischen Reiten – ruhig ein klein wenig mehr nach außen zeigen, also weg vom Pferd. Hauptsache ist wieder, dass man sich nicht verkrampft.

Auch wenn das Pferd in Bewegung ist: Die Beine liegen locker am Pferd und klammern nicht. Arme und Hände bleiben unverkrampft und halten sich nicht an den Zügeln fest.

- In den Händen hältst du natürlich die Zügel, und zwar so, dass die Handgelenke sich ebenfalls nicht verkrampfen, sondern eine natürliche Verlängerung der Unterarme sind. Das heißt, Hand und Handgelenke zeigen auf einer Linie in Richtung des Pferdemauls. Die Handrücken dürfen nach oben zeigen. Die Arme hältst du leicht angewinkelt nach vorne. Deine Ellenbogen geraten nie hinter den Oberkörper, denn dadurch würdest du die Balance verlieren.
- Den Kopf hältst du möglichst gerade, aber natürlich nicht starr: Auch er muss sich frei bewegen können. Die Bewegungen des Kopfes haben viel mehr Auswirkungen, als man sich zunächst einmal vorstellen kann. Denn wenn du zur Seite schaust, dann dreht sich dein Körper ebenfalls etwas zur Seite, und Pferde spüren das. Wenn du den Kopf neigst und nach unten schaust, dann verlagert sich dein Körpergewicht automatisch nach vorne, und auch das merkt ein Pferd. Gute Reiter schaffen es, nur durch solche leichten Körperdrehungen und Gewichtsverlagerungen ihr Pferd zu steuern. Ich werde das bei den so genannten Gewichtshilfen auf Seite 72 noch näher erklären. Für deinen Kopf heißt das aber zunächst einmal, dass du am besten in die Richtung schaust, in die du reiten möchtest, nämlich gerade aus oder leicht links oder rechts, je nachdem, wohin du reiten willst.

An der Longe

Das alles wird dir im Stehen nicht schwer fallen. Doch nun kommt Bewegung in die Sache. Der richtige Sitz und die richtige Haltung im Schritt, Trab und Galopp sind durch Lesen leider nicht erlernbar. Dazu musst du so oft es geht aufs Pferd, und zwar an der Longe. Die Longe ist eine lange Führleine, die an der Trense oder am Halfter des Pferdes befestigt wird. Die Zügel sind entweder gar nicht da, wenn das Pferd nur ein Halfter angelegt bekommen hat. Oder sie werden so am Sattelhorn festgebunden, dass sie leicht durchhängen und das Pferd nicht beeinflussen. Du sitzt also freihändig auf dem Pferd. Der Reitlehrer oder ein erfahrener Reiter lässt das Pferd nun an dieser Leine im Kreise herumgehen. Zunächst im Schritt, dann im Trab und später einmal im Galopp. Dein Helfer in der Mitte dirigiert das Pferd und lenkt es. Du musst also nichts anderes tun, als Sitz und Haltung zu üben. Ich halte die Longenarbeit für absolut unerlässlich bei jedem Anfänger. Je öfter du an der Longe üben kannst, um so besser kannst du die Balance auf dem Pferd halten und um so leichter werden dir später alle anderen Bewegungen fallen, mit denen du dann dein Pferd selbstständig reiten wirst. Ich schlage dir daher eine ganze Reihe von Übungen vor, die nicht nur helfen, sondern auch Spaß machen.

Mit einem ganz ruhigen Pferd kannst du auch mal ohne Sattel reiten. So spürt man sehr gut die Bewegungen des Pferderückens und schult damit den Sitz.

Übungen an der Longe

Wenn das Pferd mit dir auf dem Rücken vom Reitlehrer an die Longe genommen wird, hast du selbst keine Zügel in der Hand. Ist das Pferd aufgetrenst, so werden die durchhängenden Zügel am Sattelhorn festgebunden. Wenn du dich am Anfang nicht sicher fühlst, dann halte dich ruhig am Sattelhorn und am Sattel fest. Die Hand, die zur Kreismitte zeigt, hält sich unbedingt vorne fest, die Hand, die nach außen zeigt, hält sich hinten am Sattel fest. Mache das nie anders herum. Denn auch beim freien Reiten in einem Kreis, sollte der Oberkörper leicht von der Kreismitte weggedreht sein. Ziel ist es natürlich, die Hände loszulassen und freihändig zu reiten. Aber klammere dich auf keinen Fall mit den Beinen fest. Sie bleiben locker. Das Pferd wird sonst immer schneller laufen.

Versuche zu erspüren, wie du auf den beiden untersten Beckenknochen in deinem Gesäß sitzt. Gib dein ganzes Gewicht auf den Po und lass die Schultern locker. Übrigens: Wenn man die Kiefergelenke und den Mund entspannt, kann sich der ganze Mensch besser entspannen. Auch Pfeifen oder Singen hilft, um ein bisschen lockerer zu werden.

Spüre die Bewegungen des Pferderückens und gehe mit dem Becken mit. Dein Po, dein Becken und deine Hüften von der Taille abwärts bewegen sich nun so, als ob sie ein Teil des Pferdes wären. Der Oberkörper balanciert die Bewegung aus und bleibt also relativ gerade. Weißt du noch, was Hula-Hoop ist? Ein Gymnastikreifen, den man so schnell durch die Bewegung des Beckens um die Hüften kreisen lässt, dass er nicht herunterfällt. Falls du so etwas zur Hand hast, versuche es ruhig einmal. Du bekommst dadurch ein besseres Gespür für die Bewegungen des Beckens. Und du lernst, trotz der Bewegung der Hüften die Schultern waagerecht zu halten.

Übung 1: Arme kreisen

Wenn du einen halbwegs sicheren Sitz gefunden hast, beginnst du mit den Armen zu kreisen, zuerst von hinten nach vorne, dann anders herum. Versuche auch mal mit dem rechten Arm nach vorne und mit dem linken nach hinten zu kreisen. Das hilft dir später, mit der rechten Hand etwas anderes zu tun als mit der linken. Und diese Aufgabe wird auf dich zukommen.

Übung 2: Akrobatik
Nun versuchst du, an die Ohren des Pferdes zu fassen. Nicht vergessen: Die Beine klammern nicht. Dann lehnst du dich zurück und fasst an die Schweifrübe des Pferdes. Nun versuchst du, noch deine Fußspitzen zu erreichen.

Übung 3: In die Steigbügel stehen
Stabilität bekommt der Reiter natürlich auch durch den Fuß im Steigbügel. Damit du dafür ein Gefühl bekommst, kannst du Folgendes üben: Du stellst dich im Schritt in die Steigbügel. Dein Po ist also in der Luft und nicht im Sattel. Das ist gar nicht so einfach, und zunächst musst du dich sicher am Sattelhorn festhalten. Aber das Ziel ist es natürlich, freihändig zu stehen.

Übung 4: Ohne Sattel reiten
Wenn du mit Sattel schon recht sicher sitzt, dann versuche es einmal ohne. Man bekommt ohne Sattel ein noch besseres Gespür für die Bewegungen des Pferderückens. Die Übungen 1 und 2 kann man so wiederholen. Es gibt übrigens kaum etwas Schöneres, als im Winter direkt auf dem warmen Pferderücken zu sitzen oder im Sommer mit dem Pferd in einem See oder Fluss (natürlich ohne Sattel) baden zu gehen.

Hilfen helfen zu verstehen

Du sitzt nun schon recht sicher im Sattel und nichts wirft dich so schnell aus dem Gleichgewicht. Nun möchtest du natürlich nicht mehr nur im Kreis herumreiten. Doch wenn nicht mehr der Reitlehrer dem Pferd an der Longe die Richtung und die Geschwindigkeit vorgibt, ist es an dir, dies zu tun.

Ich habe schon im Vorangegangenen immer wieder von Hilfen oder Hilfengebung gesprochen, ein Ausdruck aus der Reiterfachsprache, der vielleicht nicht gleich verständlich ist. Hilfen sind die Signale, die wir dem Pferd geben, um es zu führen. Sie sollen dem Pferd helfen zu verstehen, was wir von ihm wollen. Hilfen sind sozusagen die Sprache, durch die wir dem Pferd mitteilen, was es tun soll. Pferde verstehen die menschliche Sprache natürlich nicht wirklich. Und wir hätten ebenfalls Schwierigkeiten, die Pferdesprache zu »sprechen«, die ich im Kapitel »Wer reiten will muss Pferde verstehen« auf Seite 42 beschrieben habe. Schon deshalb, weil wir die Ohren nicht anlegen, sondern bestenfalls mit ihnen zucken können. Auf dem Rücken des Pferdes sieht das Tier ohnehin nicht viel von uns, so dass auch manche Verständigungsmöglichkeiten, die wir in der Bodenarbeit einsetzen, nichts bewirken können. Wir müssen also eine gemeinsame »Sprache« finden, durch die wir das Pferd führen können. Diese Sprache muss ein junges Pferd auch erst erlernen, ebenso wie du.

Eine gemeinsame Sprache

Wie kann diese Sprache aussehen? Wir brauchen Signale oder »Vokabeln«, auf die das Pferd so reagieren kann, wie wir dies wünschen. Pferde spüren sehr deutlich, wenn der Reiter auf seinem Rücken sein Gewicht verlagert. Denn nicht nur du, auch das Pferd muss ja seine Balance wahren. Junge Pferde, die erstmals einen Menschen tragen sollen, müssen sich zunächst daran gewöhnen, dass sie ein zusätzliches Gewicht auf dem

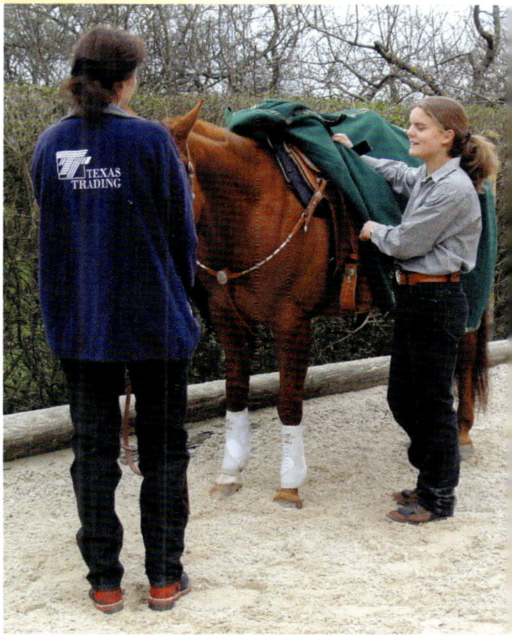

Wie man Druck aufbaut und wann der Druck wieder aufhören muss, solltest du dir unbedingt von einem Trainer beibringen lassen.

Rücken haben. Sie müssen lernen, auch mit dieser Last im Gleichgewicht zu bleiben. Vielleicht erinnerst du dich daran, wie es war, als du zum ersten Mal einen schweren Schulranzen auf dem Rücken hattest. Bestimmt konntest du damals nicht losrennen oder hüpfen, wie du es gewohnt warst. Müssen wir eine schwere Last auf dem Rücken tragen, so ist es am günstigsten, wenn das Gewicht in der Mitte unseres Rückens liegt. Darum hat man den Rucksack erfunden. Einen schweren Sack tragen wir so, dass er nicht auf die Seite rutscht, da er uns sonst aus dem Gleichgewicht bringt. Wenn der Reiter auf dem Pferd sein Gewicht verlagert, so versucht ein Pferd dies auszugleichen, indem es unter das Gewicht des Menschen tritt. Dies können wir uns zunutze machen für so genannte Gewichtshilfen.

Pferde reagieren auch sehr feinfühlig auf Druck. Sie spüren ja sogar durch ihr dichtes Winterfell, wenn eine Fliege sich auf sie setzt. In ihrer Ausbildung zum Reitpferd haben Pferde auch gelernt, dass sie dem Druck des Menschen weichen müssen, weil er das ranghöhere Wesen ist (erinnere dich an das Kapitel »Wer reiten will, muss Pferde verstehen« oder lies es noch mal nach). Auch dies machen wir uns zunutze. Wir können mit unseren Beinen Druck auf den Pferdekörper ausüben, in der Reitersprache Schenkelhilfen genannt. Mit der Trense hat sich der Mensch ein zusätzliches Instrument geschaffen, über die Zügel Druck auszuüben, und zwar am Kopf und im Maul des Pferdes. Wir sprechen hier von Zügelhilfen.

Den Druck wegnehmen!

Eines darfst du jedoch nie vergessen: Das Pferd reagiert nicht, weil wir Druck machen, sondern damit der Druck aufhört! Ein feinfühliges Pferd wird sogar schon bei wenig Druck oder Zug reagieren, und zwar, damit es wieder in Ruhe gelassen wird. Ich möchte dich daran erinnern, dass die Pferde in der Herde, ja Kämpfe und Verletzungen dadurch vermeiden, dass der Rangniedere, beispielsweise bei Rangeleien um den besten Futterplatz, schnell nachgibt und zurückweicht. Das ranghöhere Pferd wird den niedrigeren Artgenossen auch gleich wieder in Ruhe lassen, sobald dieser sich entsprechend verhält. Wenn der Reiter aber den Druck aufrecht erhält, wird das Pferd völlig verwirrt. Es weiß nicht mehr, was es tun

Übung: Wie reagiert ein Pferd auf Druck?

Versuche einmal am Boden ein ausgebildetes Pferd mit dem Finger wegzudrücken. Spüre auch nach, wie viel Druck notwendig ist, damit das Pferd zur Seite tritt, und nimm den Druck sofort weg, sobald das Tier reagiert. Beobachte zudem, was geschieht, wenn du das Pferd vorne an der Schulter wegschiebst. Welche Bewegung macht es dann? Eine Drehung mit der Vorderhand, weg von dir. Und übe den Druck nun an der Hinterhand aus. Auch hier sofort aufhören, wenn das Pferd reagiert. Das Pferd wird nun sein Hinterteil von dir wegbewegen.

soll und wie es sich von dem Druck befreien soll. Entscheidend ist also, dass der Druck – egal ob durch Schenkel, Sporen oder Zügel – sofort aufhört, sobald das Pferd etwas richtig gemacht hat.

Zum Schluss sind noch die Stimmhilfen zu nennen, die wir ebenfalls nutzen, um uns dem Pferd mitzuteilen. Für uns Menschen, die wir uns ja hauptsächlich mit der Stimme verständigen, ist dies vielleicht die Hilfe, die uns am besten liegt. Beachte aber, dass das Pferd die Worte nicht wirklich versteht. Es hört die Laute und vor allem den Tonfall. Die Stimmkommandos müssen daher auf wenige, eindeutig unterscheidbare Laute beschränkt bleiben. Und wir sollten immer dieselben Kommandos verwenden, um dem Pferd die Verständigung mit uns zu erleichtern.

Ich möchte nun die einzelnen Hilfen genauer beschreiben. Es kann sein, dass dir beim Lesen noch manches unklar bleibt. Mein Rat ist daher, dass du diese Abschnitte nicht nur vor der Reitstunde, sondern auch danach noch einmal liest. Auch wenn wir später konkret besprechen, wie man anreitet, wie man die Richtung bestimmt, wie man vom Schritt in den Trab und wieder zurückwechselt und vieles mehr, empfehle ich dir, das ein oder andere Mal noch einmal nachzuschlagen, worauf es bei den einzelnen Hilfen ankommt.

So verlagerst du dein Gewicht nach vorne (hier wird es ein bisschen übertrieben, damit du es deutlicher siehst).

Das Gewicht verlagern

Grundsätzlich haben wir vier verschiedene Möglichkeiten beim Reiten unser Gewicht zu verlagern: nach vorne, nach hinten und nach links und nach rechts.

- Wenn du dein Gewicht nach vorne verlagerst, so ist das für das Pferd ein Anreiz auch nach vorne zu gehen oder – wenn es schon geht – etwas schneller zu werden. Denn es möchte ja wieder in die Balance kommen und geht nach vorne, um dein Gewicht wieder dort zu haben, wo es dich am besten tragen kann. Du beugst dich dafür leicht nach vorne, gibst auch die Hände nach vorne und hebst die Schultern ganz leicht an. Sobald das Pferd sich in Bewegung gesetzt hat oder so schnell läuft, wie du möchtest, gehst du wieder behutsam in die normale Position.

So sieht eine Gewichtsverlagerung nach rechts aus. Man verlagert dabei sein Gewicht etwas auf den rechten Steigbügel.

- Soll ein Pferd langsamer gehen, anhalten oder rückwärts gehen, kannst du andere Hilfen damit unterstützen, dass du dich nach hinten setzt. Dabei gehen aber nicht nur die Schultern nach hinten, sondern dein Bauchnabel bewegt sich in Richtung Pferdekruppe, als hätte dir jemand in den Bauch geboxt. Dein Rücken wölbt sich etwas nach hinten.
- Wenn du dein Körpergewicht nach links oder rechts verlagerst, hilft dir dies, dein Pferd zu steuern und in die richtige Richtung zu bringen. Bei einer Gewichtsverlagerung nach rechts, setzt du dich ganz auf deine rechte Po-Backe. Die rechte Hüfte geht dabei etwas nach vorne. Du gibst etwas Gewicht in den rechten Steigbügel, fast so, als ob du gerade absteigen wolltest. Achte darauf, dass deine Knie locker bleiben und du nicht mit ihnen gegen den Pferdekörper drückst. Wenn du es richtig machst, bewegt sich dein Pferd leicht nach rechts. Soll es nach links gehen, geschieht eben all dies links. Aber Achtung: Deine Schultern müssen dabei waagerecht bleiben! Wenn du mit der Schulter in die Richtung absackst, in die du möchtest, drückst du dein Pferd durch dein Körpergewicht genau in die andere Richtung. Man nennt das »falsches Einknicken«. Das ist dann wie beim Schlittenfahren, wo man sich nach rechts lehnt, um eine Linkskurve zu machen. Nur für Pferde ist diese Methode nicht geeignet, da sie Pferd und Reiter aus dem Gleichgewicht bringt. Das Pferd würde

Die Gewichtsverlagerung nach links und rechts ist nicht einfach. Man muss zum Beispiel darauf achten, dass die Schultern waagerecht bleiben. Auch hier ist es viel wert, wenn ein Trainer hilft und korrigiert.

genau in die falsche Richtung gehen. Du müsstest durch eine verstärkte Schenkelhilfe, die ich weiter unten beschreibe, dagegenhalten, um dein Pferd wieder in die gewünschte Richtung zu bringen.

Es ist mir bewusst, dass es nicht ganz einfach ist, die Hilfengebung durch Gewichtsverlagerung nach links oder rechts zu erlernen. Vor allem dann nicht, wenn man – besonders im Trab und Galopp – noch keinen ganz sicheren Sitz hat. Manche Reitlehrer bringen Anfängern diese Gewichtshilfen darum gar nicht erst bei. Ich bin aber der Meinung, man sollte von Anfang an versuchen, auch diese Hilfen einzusetzen, und wenn es anfangs nur im Schritt ist. Denn wer die Gewichtshilfen gar nicht beherrscht, der wird sich schwer tun, ein Pferd jemals wie die Cowboys mit nur einer Hand am langen Zügel zu führen. Später, bei den konkreten Reitaufgaben werde ich dir angeben, wo du als Anfänger die Gewichtshilfen auch mal vernachlässigen kannst, um erst mal die andern Hilfen gut zu lernen.

Der Unterschenkel

Sehr bald in deiner Reitausbildung wirst du einmal etwas über »Schenkelhilfen« hören. Dieser Begriff ist etwas verwirrend. Denn in der Alltagssprache bezeichnen wir häufig den Oberschenkel als »Schenkel«. Die Oberschenkel bleiben beim Westernreiten aber fast immer locker und entspannt. Gemeint ist vor allem der Unterschenkel, also das Bein zwischen Knie und Fußknöchel, und dabei vor allem die Wade. Mit diesem Teil des Beines können wir Druck auf den Pferdekörper ausüben. Auch die Ferse und der Absatz des Schuhs gehören in der Reitersprache noch zum Unterschenkel.

Wir haben schon bei der Arbeit mit dem Pferd am Boden gesehen, dass ein Pferd lernen muss, dem Druck eines Fingers zu weichen. Ähnlich ist es auch mit dem Unterschenkel. Drücke ich mit meiner Wade oder meiner Ferse rechts an den Pferdekörper, so soll das Pferd nach links weichen. Drücke ich links, so geht das gut ausgebildete Pferd in die entgegengesetzte Richtung nach rechts. Wie bei der Übung auf Seite 72 oben, kannst du deinen Unterschenkel an unterschiedlichen Stellen des Pferdekörpers anlegen. Drückst du deine Wade oder deine Ferse etwa am vorderen Sattelgurt gegen den Pferdekörper, so wird ein gut ausgebildetes Pferd seinen Schulterbereich und die Vorderbeine (man nennt das die Vorderhand) in die andere Richtung bewegen. Spürt das Pferd den Druck eine Handbreit hinter dem Gurt, so wird sich der Pferdekörper als Ganzes seitlich in die andere Richtung bewegen. Man bewegt die so genannte »Mittelhand«. Wenn der Druck des Unterschenkels etwa zwei bis drei Handbreit hinter dem Vordergurt einwirkt, dann bewegt das Pferd das Hinterteil und die Hinterbeine (also die so genannte Hinterhand) weg von der Druckstelle. Die Schenkelhilfe ist also in erster Linie eine Möglichkeit, (zusammen mit anderen Hilfen, wie wir noch sehen werden) das Pferd sehr fein und genau zu steuern und zu führen.

Super! Freihändig im Slalom um Pylonen – und alles nur durch Schenkelhilfe!

Führen und Treiben

An zweiter Stelle steht natürlich auch, dass wir mit dem beidseitigen Schenkel und Fersendruck das Pferd antreiben. Zum Beispiel, wenn wir losreiten wollen oder wenn unser Pferd ein bisschen zu gemütlich ist und wir etwas mehr Tempo wollen. Es gibt aber Reiter – und es sind nicht die guten Reiter – die ihre Schenkelhilfen nur dafür benützen. Diese Reiter werden niemals in der Lage sein, wie die guten Cowboys ihr Pferd mit einer Hand am langen Zügel zu führen und dabei nur durch Gewichtsverlagerungen und durch Schenkelhilfen das Pferd exakt zu dirigieren. Und es gibt Pferde, die auf Schenkeldruck nur schneller werden und die es nicht gelernt haben, dem Schenkeldruck in eine bestimmte Richtung zu

Je nach dem, wo der Unterschenkel an den Pferdekörper gedrückt wird, weicht das Pferd dem Druck auf unterschiedliche Weise. Links: Unterschenkel am Sattelgurt. Das Pferd weicht mit der Schulter. Mitte: Unterschenkel leicht hinter dem Gurt. Das Pferd bewegt sich als Ganzes. Rechts: Unterschenkel weit hinten. Das Pferd weicht mit der Hinterhand.

weichen, ohne gleich davonzurennen. Wenn irgendwie möglich, solltest du darum die Schenkelhilfen mit einem gut ausgebildeten Pferd üben. Du selbst solltest lernen, deine Unterschenkel auch für die Richtungsänderungen beim Reiten einzusetzen, ohne dass das Pferd schneller wird. Auch Sporen sind nicht dazu da, ein Pferd schneller zu machen. Der Sporn ist nur eine feinere Schenkelhilfe und wird genauso eingesetzt wie die Wade oder der Absatz. Das Pferd spürt ihn früher und deutlicher, und kann darum besser darauf reagieren.

Noch ein Wort dazu, auf welche Art man die Schenkelhilfe einsetzen sollte. Es gibt Westerntrainer, die bringen ihren Schülern bei, mit der Wade oder der Ferse gegen den Pferdekörper zu klopfen – zuerst leicht, und wenn das Pferd nicht reagiert immer stärker. Ich persönlich halte nicht viel von dieser Kickerei. Ich selbst drücke Wade und Ferse an den Pferdekörper. Zunächst ganz sacht und dann immer stärker, bis das Pferd reagiert. Nur wenn alles nichts hilft, fange auch ich an zu klopfen. So lernen Pferde feinfühliger zu werden, sodass sie schon bei einem leichten Wadendruck dem Schenkel weichen. Wichtig ist dabei aber, dass du nur die Wadenmuskeln anspannst. Die Oberschenkel und der Po müssen locker und entspannt bleiben. Sonst verspannst du dich zu sehr und das Ganze wird recht anstrengend.

Ein Wort zu Sporen

Was wäre ein echter Cowboy ohne Sporen – so denkt vielleicht mancher. Aber der Umgang mit Sporen will gelernt sein. Bestimmt hast du schon mal die Redewendung gehört: »sich die Sporen verdienen«. Das stammt aus dem Mittelalter, als junge Ritter sich zuerst einmal bewähren mussten und in Turnieren oder in einer Schlacht zeigen mussten, dass sie etwas können. Erst dann wurden sie zum Ritter geschlagen, und sie bekamen goldene Sporen angeschnallt.
Im Westernreiten verdient man sich die Sporen so: Du musst schon ruhig und ohne Klammern sitzen können, und die Hilfengebung für die Manöver im Kapitel 4 sollten halbwegs klappen. Erst dann kannst du mit Sporen reiten. Denn wenn deine Beine noch zu sehr herumzappeln, dann berühren die Sporen den Pferdekörper auch manchmal, wenn du eigentlich gar keine Hilfe geben möchtest. Ein Pferd kann das aber nicht unterscheiden und reagiert darauf. Sporen sind auch nicht ungefährlich und können sehr weh tun oder das Pferd sogar verletzen.
Und man muss natürlich die richtigen Sporen haben, die nicht zu spitz sein dürfen. Die Sporen sollten ein Rädchen haben, das gut rollt, am besten ein rundes oder in Form eines Kleeblatts.
Nun kann es passieren, dass du ein sehr dickfelliges Pferd hast, das auf deine Schenkelhilfen einfach nicht reagiert – und wenn du noch so sehr klopfst und kickst. Dann kannst du am Anfang im Schritt die Sporen benutzen. Denn wenn du immerzu nur wie wild treiben musst, damit das Pferd etwas tut, dann verkrampfst du dich. Und so bekommst du natürlich keinen guten Sitz. Wenn du dann schon etwas sicherer bist, kannst du auch im Trab Sporen tragen. Bevor du galoppierst, kommen sie aber erst mal wieder weg.

Die Zügel

Zunächst das Wichtigste: Zügel sind keine Bremsen! Wer ständig an den Zügeln zerrt, tut dem Pferd weh und macht es durcheinander. Ich werde später noch einmal ausführlich erklären, wie man richtig »bremst«, also das Pferd langsamer laufen lässt, und wie man richtig anhält. (Wer's jetzt schon wissen will, kann auf den Seiten 104 und 106 schon mal nachschauen.) Nur so viel möchte ich hier bereits sagen: Wer stoppen oder das Tempo reduzieren will, muss dies hauptsächlich mit anderen Hilfen, vor allem mit dem Gewicht und der Stimme tun. Die Zügel sind nur eine zusätzliche Unterstützung. Auch bei Richtungsänderungen sind die Zügel nur ein zusätzliches Mittel und unterstützen vor allem den Unterschenkeldruck und die Gewichtsverlagerung.

Um richtig mit den Zügeln umgehen zu können, braucht es einiges an Übung. Auch deshalb, weil wir im Westernreiten keinen geschlossenen Zügel, sondern zwei lose Zügelenden haben. Die legt man so aneinander, dass man in beiden Händen beide Zügel hat. Dabei hängt das rechte Zügelende links herunter und das linke Zü-

Die Zügelbrücke: Western-Spaghetti

Für viele Anfänger ist es nicht ganz einfach, mit den offenen Westernzügeln umzugehen. Da gibt es manchmal ein ganz schönes Gewurstel. Die offenen Zügel braucht man aber auch eigentlich nur im Turniersport. Darum mein Tipp: Binde die Zügelenden einfach mit einem Knoten zusammen. Nicht zu kurz, dass du den Zügel noch bequem durchhängen lassen kannst. Das ist auch für deine Sicherheit besser. Denn sollte dir ein Zügelende mal runterfallen, hast du keine gute Kontrolle mehr über das Pferd. Und es könnte sogar auf das lose Zügelende treten und sich sehr weh tun oder in Panik geraten.

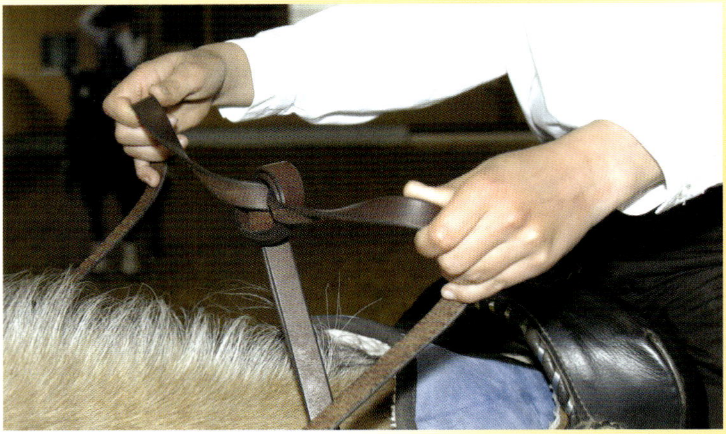

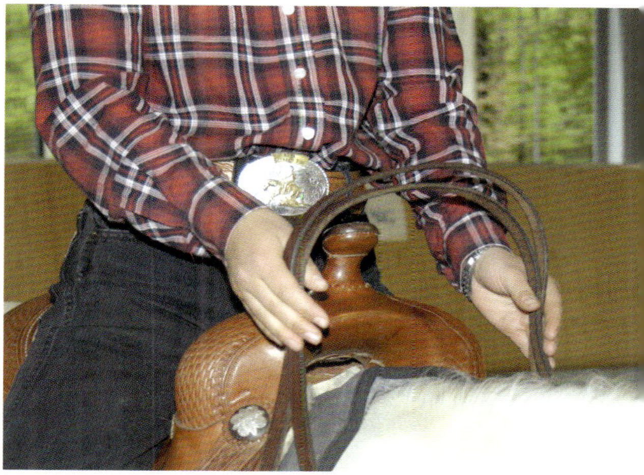

Die Zügelbrücke kann – vor allem bei Anfängern – sehr weit sein. Denn so kannst du die Zügelhilfen deutlich ausführen. Je besser Pferd und Reiter ausgebildet sind, um so enger kann die Zügelbrücke sein. Denn dann verständigt man sich mit dem Pferd immer mehr durch Gewichts- und Schenkelhilfen.

gelende rechts. Dann können sie nicht herunterfallen, wenn sie dir mal aus der Hand rutschen, sondern bleiben auf dem Pferdehals liegen. Die Hände bilden dabei die so genannte Zügelbrücke. Die Hände verharren aber nicht immer an ein und derselben Stelle des Zügels. Sie müssen beweglich bleiben und so gut mit den losen Zügeln umgehen können, dass sie die Zügel mal länger, mal kürzer nehmen können.

Hände brauchen viel Gefühl

Und du brauchst viel Fingerspitzengefühl. Wenn du spürst, dass du noch nicht sicher sitzt und dich an den Zügeln festhalten willst, dann lass dich lieber noch ein paar Mal an die Longe nehmen. Du solltest nie ruckartig oder heftig an den Zügeln ziehen. Sonst wehrt sich das Pferd gegen das Gebiss oder wird stumpf im Maul und reagiert immer weniger auf den Zügelzug. Stell dir vor, jemand bindet eine Schnur um deinen Arm, lässt das Seil lang durchhängen und reißt von Zeit zu Zeit heftig daran. Du kannst den Schmerz dann eigentlich nur verhindern, wenn du mit deinem Arm so weit zurückweichen kannst, dass die Schnur angespannt ist. Etwas Ähnliches tut das Pferd: Man sagt, es »legt sich auf die Zügel«. Das heißt, dass es seinen Kopf so hält, dass der Zügel angespannt ist. Wenn das passiert, hast du keinen richtigen Einfluss mehr auf das Pferdemaul.

Die Zügel dürfen nur ein wenig durchhängen, so dass das Pferd schon bei geringen Handbewegungen eine leichte Spannung am Maul spürt. Versuche dann aber mit viel Gefühl zu spüren, wie du

Ein extra langer Finger

Stelle dir vor: Dein Zügel ist ein extra langer Finger.

- *Wenn die Zügel etwas durchhängen, dann berühren deine »Fingerspitzen« die Mundwinkel des Pferdemauls nicht. Du wirkst nicht auf das Pferd ein. Das Pferd spürt keinen Druck oder Zug.*
- *Du kannst nun die Zügel »aufnehmen« (man sagt auch: Die Zügel werden »angenommen«). Entweder, indem du die Hände mehr zu deinem Körper und nach oben führst. Oder indem du eine oder beide Hände nach links oder rechts außen führst. Oder indem du die Zügel kürzer nimmst. Dein extra langer Finger fasst also an die Mundwinkel des Pferdemauls.*
- *Wenn die Zügel so angenommen werden, dass sie fast eine gerade Linie bilden, dann berühren deine »Fingerspitzen« gerade mal das Pferdemaul. Das Pferd merkt: Hoppla, da ist etwas, ich muss aufpassen. Das Pferd spürt keinen starken Druck, aber es wird aufmerksam.*
- *Werden die Zügel stärker angenommen, wenn du also an den Zügeln ziehst, dann zieht dein »extra langer Finger« die Mundwinkel des Pferdemauls nach hinten. Entweder nur auf einer Seite oder auf beiden, je nachdem, ob du mit beiden »Fingern« oder nur mit einem ziehst.*
- *Wenn dein »Finger« unruhig und nervös ist, dann zupfst du also ständig im Pferdemaul herum – was nicht gerade angenehm ist, wie du dir sicher vorstellen kannst.*
- *Wenn du heftig und ruckartig am Zügel zerrst, dann verursachst du dem Pferd Schmerzen.*
- *Nur wenn deine »Fingerspitze« das Pferdemaul erst mal behutsam anfasst und dann den Zug nach und nach steigert, hat dein Pferd überhaupt die Chance, mit seinem Kopf dem Zügelzug nachzugeben und die Bewegung zu machen, die du gerade von deinem Pferd wünschst.*

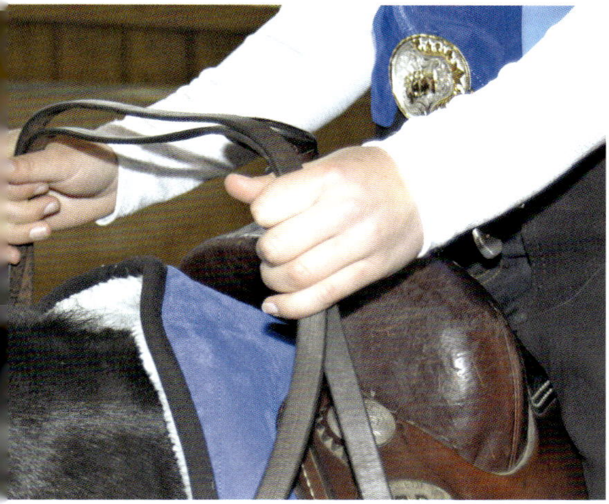

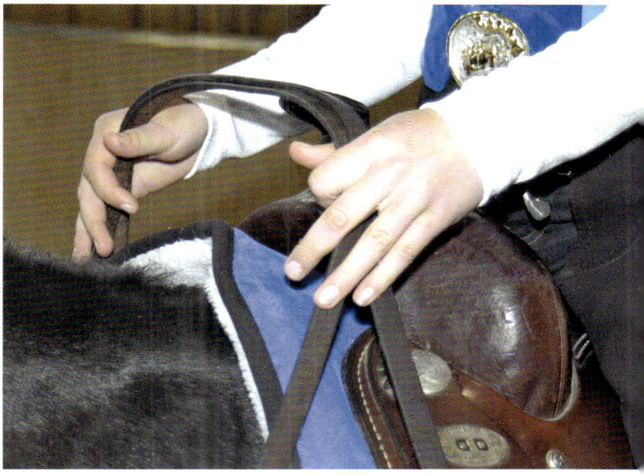

Handakrobatik für Fortgeschrittene: Wenn man die Hände schließt und öffnet, als wolle man einen Schwamm ausdrücken, dann kann man so die Zügellänge beeinflussen. Geschlossene Hände (Bild links): Der Zügel wird etwas kürzer – der Zug am Pferdemaul verstärkt sich etwas. Offene Hände (Bild rechts): Der Zügel wird länger – der Zug am Pferdemaul lässt nach.

den Zügelzug auf das Pferdemaul ausübst. Geübte Reiter sagen, sie haben »Kontakt zum Pferdemaul«. Der Zügel ist also wie ein verlängerter Finger, mit dem ich auf die Mundwinkel des Pferdes einwirken kann. Fange wie beim Schenkeldruck zunächst einmal mit einem leichten Zügelzug an. Nur wenn das Pferd nicht reagiert, kann der Zug nach und nach verstärkt werden. Dabei ziehst du leicht und gibst wieder nach. Versuche einmal die Hände dafür auf und zu zu machen, so als wolltest du einen Schwamm ausdrücken. Diese Bewegung der Hand reicht schon, um sich mit einem gut ausgebildeten Pferd zu verständigen.

Bei der Zügelführung gibt es außerdem eine weitere Schwierigkeit. Wenn sich das Pferd bewegt, bewegt sich auch sein Kopf, und zwar im Takt der jeweiligen Gangart. Besonders starke Bewegungen macht der Pferdekopf natürlich im Galopp. Du kannst dir nun gut vorstellen, dass auch durch die Bewegung des Pferdekopfes die Trense im Pferdemaul zurückgerissen wird, wenn du deine Hände nicht ruhig halten und den Bewegungen des Pferdes anpassen kannst. Im Galopp müssen sich deine Hände und dein ganzer Körper darum auf den Takt des Pferdekopfes einstellen.

Als Anfänger nimmst du die Zügel in beide Hände. Die einhändige Zügelführung, die bei Western-Turnieren so viel Eindruck macht ist nur etwas für erfahrene Reiter und sehr gut ausgebildete Pferde Das zweihändige Halten des Zügels ist auch deshalb so wichtig, weil du erst mal lernen musst, mit der einen Hand etwas anderes zu tun als mit der anderen. Wann wir mit dem rechten und dem linken Zügel jeweils unterschiedliche Bewegungen ausführen und was das bewirkt, werde ich dir bei den einzelnen Reitaufgaben erklären.

Die Stimme

Beobachte die Ohren deines Pferdes: Hört es dir zu, dann ist mindestens ein Ohr zu dir hin gedreht. Auch wenn du nicht die Stimme einsetzt, zeigt dieses Ohr dir, dass die Aufmerksamkeit des Pferdes beim Reiter ist.

Mit der Stimme Hilfen zu geben, fällt uns Menschen oft am leichtesten. Denn das ist ja die Art und Weise, wie sich Menschen verständigen. Auch Pferde hören sehr gut auf Töne und Geräusche. Aber sie verstehen natürlich die menschlichen Worte nicht. Sie hören unsere Sprache eher so, wie du Gespräche durch eine Wand hindurch hörst. Man hört bestimmte Laute. Besonders gut eindeutige Buchstaben wie i oder o. Aber die Worte sind nicht verständlich. Pferde brauchen daher eindeutige und kurze Sprachkommandos. Und das auch nur für wenige Situationen.

- Beim Westernreiten schnalzt man einmal mit der Zunge, um anzureiten.
- Will ich in den Trab, so schnalze ich mehrmals.
- Soll das Pferd angaloppieren, so mache ich ein Geräusch wie ein langer schmatzender Kuss. Ich nenne es das »Küsschen«.
- Wenn ich aus dem Galopp zurück in den Trab möchte, dann benutze ich das Wort »Trab« und spreche es so aus, dass mein Pferd mich besser versteht, nämlich »Teerabb«. Genauso verwende ich das Wort »Schritt«, wenn ich vom Trab in den Schritt möchte, und spreche laut und deutlich »Scheeritt«.
- Wenn ich möchte, dass mein Pferd zwar nicht die Gangart wechselt, sondern im Schritt, im Trab oder Galopp langsamer geht, sage ich »Easy«. Dieses englische Wort heiß so viel wie »ruhig« und wird »Isi« gesprochen. Damit kann man ein Pferd auch beruhigen.
- Für das Anhalten sage ich tief und lang gezogen »Whoa«, was etwa wie »Wouw« gesprochen wird.

Wichtig ist, dass Pferde sehr stark auf unseren Tonfall reagieren. Wenn du aus Angst mit hoher und aufgeregter Stimme immer wieder »Easy, easy, easy« rufst, damit das Pferd langsamer wird, dann wirst du unter Umständen das Gegenteil erreichen. Wenn wir es beruhigen wollen, müssen wir mit einer ruhigen, eher tiefen Stimme mit ihm sprechen. Wenn wir etwas mehr Tempo in die Sache bringen wollen, dann hilft eine höhere Stimme mit schnelleren Kommandos, zum Beispiel ein Zungenschnalzen in dem Rhythmus, in dem das Pferd laufen soll.

Aus ABC werden ganze »Sätze«

Wer Gitarre spielen will, muss mit der rechten Hand etwas anderes tun als mit der linken. Wer ein Tor schießen will, muss mit dem linken Fuß etwas anderes tun als mit dem rechten. Vielleicht hast du schon einmal einen dieser Straßenkünstler gesehen, der mit dem rechten Fuß eine Pauke schlägt und mit dem linken ein anderes Schlaginstrument spielt. Mit der rechten Hand schlägt er die Gitarrenseiten, während die linke die Akkorde am Gitarrenhals greift. Und mit dem Mund bläst er auch noch eine Mundharmonika. So etwa funktioniert auch das Reiten – und das alles auf einem Pferd, das sich bewegt.

Das heißt, alle Hilfen zusammen sagen erst dem Pferd, was wir von ihm ganz genau möchten. Schon beim Anreiten benützen wir also die Gewichtshilfe, die Schenkelhilfe, die Zügelhilfe und die Stimme – und das alles fast gleichzeitig. Genauso ist es beim Anhalten, beim Rechts- oder Links-Reiten oder beim Übergang vom Schritt in den Trab und dann in den Galopp. Wie die einzelnen Kombinationen der Hilfen bei den unterschiedlichen Aufgaben und Manövern aussehen, erkläre ich dir ganz genau, wenn wir über das Anreiten, Anhalten und alles andere sprechen werden.

Alles zusammen: Die Hilfen kombinieren

Ein guter Westernreiter beherrscht wirklich alle Hilfen gut. Er kann sie fein dosieren, das heißt mal ganz sanft, dann etwas stärker oder – wenn notwenig – auch kräftig einsetzen. Und er wird immer alle Hilfen kombinieren. Damit hat er ganz vielfältige Möglichkeiten, sich dem Pferd verständlich zu machen. Ich habe ja schon einmal gesagt, dass die Hilfen die Sprache ist, mit der wir uns mit dem Pferd verständigen. Manche Reiter beherrschen nur ganz einfache »Worte«. Wollen sie anreiten, so treiben sie das Pferd an, indem sie nur mit den Unterschenkeln gegen den Pferdekörper klopfen. Damit sagen sie »Los«. Wollen sie sagen »Rechts«, so ziehen sie am rechten Zügel. Wollen sie sagen »Links«, so ziehen sie am linken Zügel. Sie werden aber niemals in der Lage sein, einem Pferd zu sagen: »Geh jetzt in langsamem Tempo einen großen runden Kreis«. Wie in der richtigen Sprache brauche ich dafür viele »Worte«, die ich zusammenhängend in einem Satz und in der richtigen Reihenfolge ausdrücke.

Auch die Hilfen beim Reiten bilden einen solchen »Satz«: Man fängt an mit der Gewichtshilfe. Dann kommt die Schenkelhilfe. Es

Alles auf einmal – wie soll man das nur lernen?

Die Kombination aller Hilfen ist für den Anfänger zunächst nicht einfach. Weil man eben links und rechts, mit Händen und Füßen, mit Körpergewicht und Stimme jeweils etwas anderes tun und dabei auch noch locker und unverkrampft auf dem Pferd sitzen bleiben soll.
Viele Reitaufgaben kann man an der Longe üben. Dabei hat man ja immer die Hilfe des Longenführers, der entweder Reitlehrer oder ein erfahrener Westernreiter sein sollte. Dieser Helfer kann dem Pferd vom Boden aus auch signalisieren, was es tun soll. Mit dieser Unterstützung kannst du dann erst mal eine Hilfengebung üben, zum Beispiel nur die Zügelführung. Aber auch beim freien Reiten gilt, wenn es möglich ist:

- *Übe zuerst die Zügelführung, zum Beispiel beim Reiten nach links und rechts. Dann übst du nur die Schenkelhilfe. Als Nächstes kombinierst du beides. Wenn das gut klappt, versuche auch die Gewichtshilfen hinzuzunehmen.*
- *Wenn es dir bei einer bestimmten Reitaufgabe schwer fällt, die Hilfen zu kombinieren (und das wird anfangs häufig so sein), dann versuche Folgendes: Du gibst – zum Beispiel beim Reiten nach rechts – immer alle Hilfen: Gewicht, Schenkel und Zügel. Die Stimme brauchen wir hier nicht, und wie die Hilfen genau ausse-*

folgt die Zügelhilfe und die Stimmhilfe. Wie in einem gesprochenen Satz werden die Hilfen fließend gegeben. Das heißt nicht abgehackt, ein Wort nach dem anderen. Man sagt ja auch nicht »Geh (Pause) jetzt (Pause) vorwärts!«. Die Hilfen fließen ineinander über, am besten innerhalb von nur ein bis zwei Sekunden. Anders als bei Worten hört die eine Hilfe aber nicht auf, wenn die nächste kommt. Es ist vielmehr so wie in der Musik, wenn man auf dem Klavier einen Akkord spielt und zuerst einen Ton anschlägt und ihn hält. Dann kommt die zweite Note und schließlich die dritte, bis alle drei Töne zusammenklingen.

Mache deine Bewegungen dabei nicht zu schnell und hektisch. Für einen Beobachter müsste dieses Zusammenspiel der Hilfen so aussehen, als ob du sie in Zeitlupe machen würdest. der Grund dafür ist, dass Pferde viel länger als Menschen brauchen, etwas zu verstehen und auf die Signale zu reagieren. Wenn du die Hilfen gibst, dann müssen die erst einmal im Kopf des Pferdes ankommen. Dann müssen sie als Befehle an die Beine weitergeleitet werden. Das braucht Zeit! Selbst einem gut ausgebildeten Pferd, das gut versteht, was du von ihm möchtest, musst du diese Zeit geben.

hen, erkläre ich dir auf Seite 100. Beobachte dich selbst: Welche der Hilfen fällt dir besonders schwer? Ist es vielleicht die Schenkelhilfe? Achte nun eine Zeit lang besonders gut auf diese Hilfe. Du führst immer alle Hilfen aus, aber die Schenkelhilfe bekommt deine besondere Aufmerksamkeit. Nach einiger Zeit wirst du feststellen, dass die Hilfe schon besser klappt.

- *Es kann nun gut sein, dass zwar die Schenkelhilfe besser ist, aber die Zügelhilfe nicht mehr ganz stimmt. Wiederhole also das Ganze mit der Zügelhilfe: Alle Hilfen werden gegeben, aber die Zügelhilfe steht im Mittelpunkt deiner Aufmerksamkeit.*
- *Wenn du einen Reitlehrer oder Trainer hast, dann bitte ihn, dich vor allem bei der Hilfe zu korrigieren, die dir am schwersten fällt und bei den anderen ein Auge zuzudrücken. Auch hier gilt natürlich: Wenn eine der Hilfen besser klappt, dann kommt die nächste dran. Dann muss natürlich die Hilfengebung korrigiert werden, die du noch nicht so gut beherrschst.*
- *Diese Lernschritte wirst du immer wieder machen müssen. Zunächst bei den verschiedenen Manövern wie Anreiten, Anhalten, Richtungsänderungen oder Tempokontrolle. Aber auch in den verschiedenen Gangarten, im Schritt, im Trab und im Galopp, wirst du feststellen, dass die Hilfengebung und ihr richtiges Zusammenspiel immer wieder geübt werden müssen. Und je schneller das Tempo wird, um so schwieriger wird es natürlich.*

Um Gewichts-, Schenkel- und Zügelhilfen zugleich einzusetzen, braucht es viel Übung.

Timing: Das Richtige zur rechten Zeit

Wenn es dann schon ganz gut mit den Hilfen und ihrer Kombination klappt, kommt noch etwas dazu, was den wirklich guten Reiter auszeichnet: das Timing. Dieses englische Wort – gesprochen wird es Taiming – kann nur schwer ins Deutsche übersetzt werden. »Time« bedeutet »Zeit«, und Timing bedeutet, dass man zur richtigen Zeit das Richtige tut. Beim Reiten heißt das, dass man zum richtigen Zeitpunkt die richtige Hilfe geben muss und das auch noch in der richtigen Dosierung, also je nach Situation mal schwächer oder stärker.

Ein gutes Timing erreicht ein Reiter dann, wenn er nicht mehr nur auf sich selbst und seine Bewegungen achten muss, sondern auch die Bewegungen des Pferdes genau spürt und beachtet. Wenn ich beispielsweise exakt spüre, wann das Pferd in seinem natürlichen Bewegungsablauf den linken Vorderfuß vom Boden abhebt, dann kann ich die Hilfen zum Links-Abbiegen genau zum richtigen Zeitpunkt geben. Stell dir vor, du hast folgende Aufgabe: Du sollst locker geradeaus gehen und wenn dir jemand das Kommando »Links!« gibt, macht dein linkes Bein einen Schritt nach links. Wenn das Kommando in dem Augenblick kommt, wenn du gerade den rechten Fuß heben wolltest, um den nächsten Schritt zu machen, dann kannst du unmöglich sofort nach links gehen. Du musst zuerst einen weiteren Schritt machen, oder aber du kommst aus dem Takt. Versuche es nur einmal. Kommt das Kommando »Links!« aber kurz bevor du den linken Fuß abheben wolltest, dann kannst du sofort den Schritt nach links machen. So etwa geht es auch einem Pferd.

Im richtigen Rhythmus

Du wirst schon an der Longe gemerkt haben, wie unterschiedlich sich das Reiten in den verschiedenen Gangarten des Pferdes anfühlt. Auch wenn du Pferde vom Boden aus beobachtest, wirst du leicht feststellen, dass sich ihre Beine im Schritt, Trab und Galopp ganz unterschiedlich bewegen. Es ist sehr hilfreich, wenn man sich einmal klar macht, wie der unterschiedliche Rhythmus zustande kommt. Zum einen versteht man dann besser, warum es beispielsweise doch recht einfach ist, im Schritt sehr sicher und gut auf dem Pferd zu sitzen und warum das im Trab gar nicht mehr so einfach ist. Außerdem hilft dir das aber auch für ein besseres Timing, wenn du verstehst, welche Bewegungsabläufe ein Pferd hat

Übungen für ein gutes Timing

Ein gutes Timing zu erlernen ist nicht einfach. Als etwas fortgeschrittener Anfänger kannst du aber Folgendes schon tun:

- *Versuche zu spüren, wann dein Pferd welchen Fuß anhebt, sowohl vorne als auch hinten. Vielleicht kannst du in einer Halle reiten, die einen Spiegel hat. Dann kann man es besonders gut beobachten. Oder aber du schaust kurz nach unten, um zu sehen, wie die Pferdebeine sich bewegen.*
- *Besonders gut kannst du dich auf die Bewegungen des Pferdes konzentrieren, wenn du selbst kaum etwas tun musst, also an der Longe. Dabei kannst du auch mit deinem Helfer oder Trainer in der Mitte üben: Immer wenn du glaubst, dass sich der rechte Vorderfuß des Pferdes abhebt, sagst du »Jetzt!«. Mal sehen, ob es stimmt. Das Gleiche übst du dann natürlich auch mit den anderen drei Beinen. Zuerst wird diese Übung im Schritt gemacht, dann im Trab und schließlich im Galopp.*

Jede Gangart – Schritt, Trab und Galopp – hat ihren eigenen Rhythmus. Im Galopp ist es ein Drei-Takt.

und in welcher Phase dieser Bewegungen eine Hilfe so gegeben werde sollte, dass dein Pferd gut darauf reagieren kann.

- Der Schritt ist die Gangart, bei der das Pferd ein Bein nach dem anderen auf den Boden setzt. Fängt es mit dem Bein hinten rechts an, dann kommt das Bein vorne rechts, dann das linke hinten und als Viertes das linke Bein vorne. Nach diesen vier Schritten geht es wieder von vorne los. Das Pferd geht also im Viertakt. Es hat also immer drei Beine auf der Erde.
- Beim Trab sind dagegen zwei Beine gleichzeitig in der Luft und zwei am Boden, und zwar immer über Kreuz. Wenn das linke Hinterbein sich hebt, dann ist gleichzeitig das rechte Vorderbein in der Luft. Hebt sich das rechte Hinterbein, so hebt sich zugleich das linke Vorderbein. Wenn die Beinpaare wechseln, dann schwebt das Pferd für einen kleinen Moment in der Luft. Durch diese Bewegungsabläufe kommt ein Zweitakt zustande wie bei einer Nähmaschine, und es geht in schnellem Wechsel auf und ab. Darum ist es im Trab nicht einfach, ruhig sitzen zu bleiben. Nur im Jog, einem ganz langsamen Trab, hast du damit sicher keine Probleme.
- Der Galopp ist die schnellste Gangart des Pferdes. Die Bewegungsabläufe sind dabei etwas komplizierter als bei Schritt und Trab. Nehmen wir an, das Pferd stößt sich zuerst mit dem linken Hinterfuß ab. Dann stoßen sich als Nächstes das linke Vorderbein und das rechte Hinterbein gleichzeitig ab. Zum Schluss stößt sich auch das rechte Vorderbein ab. Dann schwebt das Pferd für einen Moment in der Luft. Der Takt, der dadurch zustande kommt, ist ein Dreitakt, der sich wieder ganz anders anfühl.

Wenn du verschiedene Pferde reitest, zum Beispiel in einem Schulbetrieb, dann wirst du auch schnell feststellen, dass die Pferde ganz verschieden sein können in der Art sich zu bewegen. Da gibt es welche, die fühlen sich weicher, härter oder schwungvoller an. Das eine ist im Trab sehr schwer zu sitzen, hat aber einen schönen Galopp. Bei einem anderen ist es gerade anders herum. Man muss jedes Pferd darum kennen lernen und sich auf es einstellen.

Wie lernt ein Pferd?

Wer reiten lernen möchte, sollte dazu ein Pferd haben, das möglichst gut ausgebildet ist. Denn ein erfahrenes Pferd, das die Hilfen sehr gut kennt und genau weiß, wann es was tun soll, zeigt dir am besten, wenn du etwas richtig machst. Du spürst dann genau: Jetzt waren meine Hilfen korrekt, denn jetzt tut das Pferd, was ich von ihm wollte. Leider hat man nicht immer das Glück, mit

Ein junges Pferd lernt von seinem Ausbilder: Wenn es das tut, was der Mensch von ihm möchte, dann hört der Druck oder das Treiben sofort auf.

einem Pferd lernen zu können, das einen so guten Ausbildungsstand hat. Da gibt es Pferde, denen man die Hilfen nicht korrekt beigebracht hat. Auch wenn du die Hilfen richtig einsetzt, reagiert es doch nicht, wie es sollte. Es gibt Schulpferde, die fast nur von Anfängern geritten werden. Natürlich machen alle Fehler, genauso wie du. Womöglich macht jeder einen anderen Fehler. Und so lernt das Pferd, irgendwie mit diesen verwirrenden Kommandos umzugehen. Selbst ein gut ausgebildetes Pferd lernt Fehler, wenn es immer wieder dieselben Reitfehler erlebt. Schulpferde müssen darum regelmäßig von guten und erfahrenen Reitern korrigiert werden, die ihnen wieder beibringen, was sie verlernt haben.

Doch auch du solltest wissen, wie ein Pferd lernt. Denn jedes Mal, wenn du reitest, bringst auch du dem Pferd etwas bei – sei es etwas Gutes oder etwas Schlechtes. Ein Pferd kann ja nicht unterscheiden – was ist richtig, was ist falsch. Mit »Richtig« oder »Falsch« kann ein Pferd überhaupt nichts anfangen. Das sind typisch menschliche Bewertungen. Ein Pferd bewertet die Dinge danach, ob es ihm gut geht oder nicht. Nun üben wir durch unsere Hilfengebung vor allem mit dem Unterschenkel, den Absätzen und mit dem Zügel Druck auf das Pferd aus. Bekommt es Druck, geht es ihm eher nicht so gut. Lässt der Druck nach, fühlt es sich schon wohler. Also wird es immer das tun, was den Druck verringert.

Wenn etwas schief läuft, liegt es meist an dir

Wer Reiten lernt, erlebt auch Situationen, in denen nichts so klappt, wie man es möchte. Auch dir wird das mit Sicherheit mal passieren. Denn warum sollte es dir besser gehen, als allen anderen Reitern, einschließlich all der wirklich guten Westernreiter, die irgendwann ja auch einmal klein angefangen haben. Und auch ihnen passiert es noch, dass sie mal ein Reitproblem haben.
In solchen Situationen neigt man gerne dazu, die ganze Schuld »dem blöden Gaul« zu geben. In der Regel tust du damit deinem Pferd so richtig unrecht. Denn ein Pferd tut nichts, nur um dich zu ärgern. Ein Pferd kennt keinen Trotz. Das ist ein menschliches Gefühl, das Pferde nicht haben. Allerdings kann ein Pferd verwirrt, unsicher und sauer werden, wenn es überhaupt nicht versteht, was es eigentlich tun soll. Stell dir vor, das Pferd meint, das Richtige getan zu haben. Aber anstelle von Lob und weniger Druck, kickt man ihm nur noch mehr in die Rippen und zerrt mit den Zügeln noch stärker in seinem Maul herum. Irgendwann wiedersetzt es sich natürlich.
Wenn ein Pferd also nicht so reagiert, wie du möchtest, dann liegt es in den allermeisten Fällen daran, dass du etwas falsch gemacht hast. Das ist gar nicht so schlimm – denn schließlich lernt man etwas, was man eben gerade ***noch nicht*** *kann. Man übt die Dinge, die man* ***nicht*** *beherrscht. Denn sonst müsste man sie ja nicht mehr üben. Es ist aber wichtig, sich schnell Hilfe zu organisieren, bevor man in eine Sackgasse gerät und alles immer noch schlimmer wird!*
Wenn also etwas völlig schief läuft, dann überprüfe erst einmal, ob du alles richtig gemacht hast. Vielleicht hast du etwas zu wenig oder zu viel oder zum falschen Zeitpunkt gemacht. Möglicherweise merkst du noch nicht, dass dein linker Arm eine falsche Bewegung macht, wenn du dich auf deinen rechten Unterschenkel konzentrierst. Lies noch mal in diesem Buch die Stellen durch, die dein Problem betreffen. Vor allem die Hilfen musst du besonders genau verstehen. Lass dir von einem erfahrenen Reiter, am besten von einem Trainer helfen. Und manchmal muss man auch – wenn einfach mal der Wurm drin ist – die Reitstunde beenden. Und zwar unbedingt mit einer Übung, die du und dein Pferd gut beherrschen. Dann geht ihr beide doch mit einem halbwegs guten Gefühl vom Reitplatz. Und das nächste Mal klappt es schon besser!

Für Anfänger ist es nicht einfach genau zu spüren, wann man dem Pferd Druck machen muss, und wann der Druck unbedingt aufhören sollte. Auch hier ist es wichtig, dass ein Trainer dich korrigiert.

Stell dir Folgendes vor: Ein Pferd spürt den Druck des linken Unterschenkels und geht nach rechts seitwärts weg. Wenn der Druck dann aufhört, fühlt es sich besser. Es lernt also, dass es besser ist, nach rechts zu weichen. Wenn der Schenkeldruck nun aber nicht aufhört, weiß das Pferd gar keine Möglichkeit mehr, wie es den unangenehmen Druck verringern kann. Dann kann es sogar passieren, dass das Pferd gegen deinen Fuß kickt und dich aus dem Sattel werfen möchte, damit endlich der Druck deines Unterschenkels oder Absatzes aufhört. Es versteht dann auch nicht, dass es nach rechts gehen soll, wenn links der Unterschenkel angelegt wird. Ganz wichtig ist darum: Sobald das Pferd tut, was du von ihm möchtest, muss der Druck aufhören! Belohne dein Pferd dafür, dass es etwas so gemacht hat, wie du es wolltest, indem der Schenkeldruck sofort nachlässt und indem der Zügel sofort lockerer wird. Dann wird dein Pferd dich verstehen.

Wie viel Druck du am Anfang einsetzen musst, wie stark du am Zügel ziehst oder wie stark du deine Absätze – auch mal mit Klopfen – einsetzen musst, das hängt vom Pferd ab. Es gibt nicht nur gut und weniger gut ausgebildete Pferde. Wie bei den Menschen gibt es Dickfellige und Feinfühlige, Willensstarke und Angepasste. Bei manchen reicht ein leichter Druck mit der Wade, andere musst du auch schon mal heftiger in die Seite klopfen. Gib deinem Pferd aber immer die Chance, auch auf feinere Hilfen zu reagieren! Beginne mit weniger Druck und steigere ihn, bis das Pferd reagiert. Und dann – wie gesagt – muss der Druck sofort weggenommen werden. Vielleicht lernt dein Pferd nicht beim ersten Mal, wie es reagieren soll. Pferde müssen manche Dinge viele Male wiederholen, bevor sie es wirklich gelernt haben. Aber mit der Zeit wirst du immer weniger Kraft und Energie brauchen, um dich mit deinem Pferd gut zu verständigen. Das ist das Geheimnis der guten Westernreiter, bei denen der Zuschauer fast nicht mehr wahrnehmen kann, wie sie ihre Pferde führen.

Endlich im Galopp

Na, na – so schnell geht's nicht! Zuerst musst du ja mal hinauf aufs Pferd. Dann sollte es sich in Bewegung setzen. Du musst es dort hinlenken können, wohin du möchtest. Im folgenden Kapitel geht es um die wichtigsten Reitaufgaben beim Westernreiten. Das sind die Aktionen, Bewegungsabläufe und Manöver, die die Grundlage für alles andere bilden. Du brauchst nun einige Ausdauer und Geduld – mit dir und mit deinem Pferd. Mache die einzelnen Schritte und Übungen lieber langsam und gehe erst weiter, wenn du dich bei den einfacheren Dingen sicher fühlst. Und sei dir bewusst: Wenn du diese Übungen alle gut beherrschst, dann bist du eigentlich wirklich schon ein guter Westernreiter.

Hinauf aufs Pferd ...

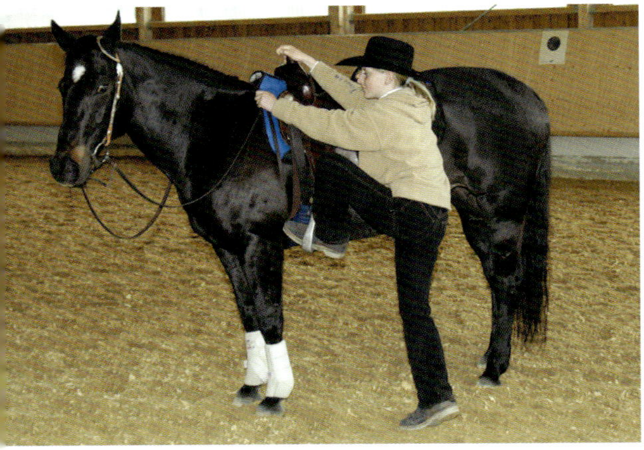

Das Aufsteigen: Die linke Hand hält die Zügel, die rechte das Sattelhorn. Dann geht das rechte Bein mit Schwung über den Pferderücken. Immer den Kopf des Pferdes im Auge behalten!

Nun also geht es endlich aufs Pferd. Das Aufsteigen ist gar nicht so schwer. Mit etwas Übung wird es bald eine Sache von Sekunden werden. Beachte konsequent ein paar Regeln und du wirst sicher und ohne Risiko aufs Pferd kommen.

- Wenn du noch zu den Kürzeren gehörst und nicht mit dem Fuß in den Steigbügel kommst, dann nimm dir einen Fußschemel oder eine stabile Putzbox und stelle dein Pferd zum Aufsteigen daneben. In der Regel steigt man von links auf. Bei Pferden, die es gewohnt sind, kann man es ruhig auch mal von rechts üben.
- Dann stellst du dich Kopf zu Kopf, Hintern zu Hintern neben das Pferd. Du schaust also in die gleiche Richtung wie das Pferd. So siehst du, wenn vor dem Pferd etwas passiert, was es erschrecken könnte. Und du kannst feststellen, ob dein Pferd sich ruhig verhält oder nervös in der Gegend herumschaut. Du wirst also nicht überrascht, wenn dein Pferd mal eine rasche Bewegung macht und bist unter Umständen auch schnell wieder aus dem Steigbügel.
- Nun nimmst du die Zügel in die linke Hand. Die Zügel sind nicht angespannt, sonst läuft das Pferd rückwärts. Sie hängen aber auch nicht weit durch. Sie sollten gerade so lang sein, dass du die Zügel auch beim Aufsteigen kurz anspannen könntest, wenn das Pferd beispielsweise losläuft, bevor du richtig sitzt.
- Der linke Fuß kommt in den Steigbügel. Mit der rechten Hand hältst du dich am Sattelhorn fest. Der rechte Fuß stößt sich vom Boden (oder vom Schemel) ab, und mit Schwung geht's nun über den Pferderücken.
- Bitte nicht einfach auf den Rücken des Pferdes plumpsen. Du

verstehst sicher, dass ein Pferd dies genauso wenig mag, wie wenn dir jemand einen Sack auf die Schulter fallen lassen würde. Langsam und weich sitzt du in den Sattel ein.

- Prüfe dann, ob dein Sattel vielleicht durch die einseitige Belastung verrutscht ist. Durch die Verlagerung deines Gewichtes auf den rechten Steigbügel kannst du ihn wieder gerade rücken. Achtung: Wenn der Sattel beim Aufsteigen sehr leicht verrutscht, dann ist er vielleicht nicht gut genug festgegurtet. Das heißt auf jeden Fall: noch mal runter vom Pferd! Nachgurten! Und noch einmal die Aufsteig-Übung von vorne. Alles andere wäre leichtsinnig, denn ein rutschender Sattel während des Reitens kann ganz schön gefährlich sein.
- Nimm die Zügel kürzer, besonders den Zügel, der auf der »Außenseite«, also weg von dir liegt. Die meisten Pferde bleiben dann stehen.
- Manche Pferde laufen auch deshalb los, weil sie aus der Balance geraten, wenn plötzlich das Gewicht des Reiters in den Steigbügel kommt. Wenn du schon groß genug bist, kannst du dich erst mal neben das Pferd stellen, mit der Nase zum Sattel. Du packst das Sattelhorn und bewegst es ein paar Mal zu dir hin

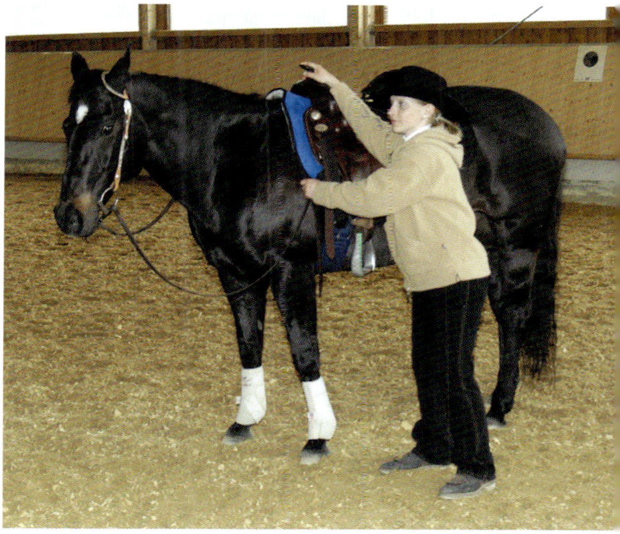

Wenn dein Pferd nicht ruhig stehen bleibt, versuche es einmal so: Bewege das Sattelhorn zu dir hin und wieder weg. Dann sucht dein Pferd einen festeren Stand.

Was tun, wenn das Pferd beim Aufsteigen herumzappelt?

Es ist absolut wichtig, dass dein Pferd beim Aufsteigen ruhig stehen bleibt. Ein gut erzogenes Pferd bleibt so lange ruhig stehen, bis der Reiter ihm das eindeutige Signal gibt, loszugehen. Doch was kann man tun, wenn das Pferd nicht so gut ausgebildet ist und beim Aufsitzen herumtänzelt oder zu früh losläuft?
Wenn du merkst, dein Pferd ist unruhig und schaut in der Weltgeschichte herum, dann steige erst mal so in den Steigbügel, dass du auch schnell wieder auf dem Boden bist, wenn dein Pferd sich bewegt. Geh noch mal runter und lass es rückwärts treten (wie das gemacht wird, steht auf Seite 54 bei der Bodenarbeit).
Es soll möglichst wieder dort stehen, wo es ursprünglich war. Vielleicht muss man das ein paar Mal machen, bis das Pferd kapiert, was wir von ihm möchten.

 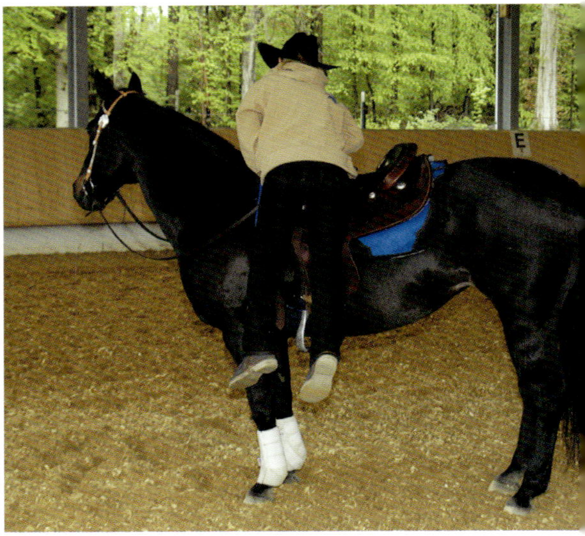

Das Absteigen: Große bleiben mit dem linken Fuß im Steigbügel, bis der rechte am Boden ist (links). Kleine rutschen mit beiden Beinen vom Sattel und achten darauf, dass sie nirgends hängen bleiben (rechts).

und wieder weg. Die Pferde stellen sich dann etwas breitbeiniger und stabiler hin und haben eine bessere Balance, wenn jemand aufsteigt.

- Wenn das alles nichts nützt, dann hast du vielleicht auch das falsche Pferd. Es wäre dann besser, du übst erst mal mit einem ruhigen, erfahreneren Reittier.

... und wieder hinunter

Klar – du möchtest nun natürlich erst mal oben bleiben und richtig reiten. Aber wo wir schon mal dabei sind, möchte ich dieses Thema gleich hier behandeln. Denn nun geht es einfach anders herum.

- Du steigst erst ab, wenn das Pferd ganz ruhig steht. Die Zügel behältst du in der linken Hand – leicht durchhängend, aber so, dass du sie zur Not noch mal aufnehmen und anziehen könntest.
- Das rechte Bein schwingt zurück über die Kruppe des Pferdes.
- Der linke Fuß bleibt unbedingt so lange im Steigbügel, bis der rechte Fuß den Boden berührt. Du solltest auf keinen Fall einfach seitwärts aus dem Sattel rutschen. Denn sollte dein Pulli oder deine Jacke am Sattelhorn hängen bleiben (was durchaus mal passieren kann), dann siehst du ziemlich alt aus. Ohne Bodenhaftung hängt man dann sozusagen in der Luft. Solange ein Fuß noch im Bügel ist, kann man sich wieder nach oben schwingen

Ganz wichtig: Zurückblättern!

Die folgenden Reitaufgaben werden alle nach dem gleichen Muster beschrieben, damit du die Hilfengebung besser verstehst:

- *Die Beschreibungen, welche Hilfen in welcher Reihenfolge gegeben werden, sind kurz und knapp. So kannst du dir die Kombination der Hilfen besser merken.*
- *Wenn du nicht mehr weißt, wie eine Hilfe genau aussieht, heißt es: Zurückblättern. Die Seitenzahlen, wo du das Notwendige findest, sind angegeben.*
- *Die Hilfen werden hier so beschrieben, wie es ein guter Westernreiter macht, auch wenn du als Anfänger das noch gar nicht richtig hinbekommen kannst.*
- *In der Regel kommt dabei zuerst die Gewichtshilfe, dann die Schenkelhilfe, dann die Zügelhilfe, und schließlich in manchen Fällen die Stimmhilfe. Alle Hilfen gehen fließend ineinander über. Lies noch mal nach auf Seite 83.*
- *Wenn möglich werden die Hilfen für einfache Reitaufgaben danach so angegeben, dass auch ein Anfänger damit klar kommen kann. Auf Seite 84, wo es um die Kombination der Hilfen gibt, findest du dazu ein paar Tipps. Wenn du die einfache Art der Hilfengebung beherrschst, solltest du die korrekte Hilfengebung üben. Sonst wirst du die Reitaufgaben im Abschnitt »Die Feinheiten für echte Könner« nicht hinbekommen.*
- *Nach der Beschreibung der Hilfengebung findest du dann, wenn es sinnvoll ist, noch ein paar Tipps. Hier geht es vor allem darum, was schief laufen kann und wie man damit umgeht.*

und sich aus der misslichen Lage befreien. Wer zu klein ist, um mit dem rechten Fuß auf den Boden zu kommen, schwingt erst das rechte Bein herüber, sodass man praktisch mit dem Bauch auf dem Sattel liegt. Aufpassen, dass man nirgends einhängt! Dann rutschst du mit parallelen Beinen vom Pferd. Halte die Zügel dabei gut fest, damit dein Pferd nicht wegspringen kann.

Erst mal das Wichtigste im Schritt

Nun kommt Bewegung in die Sache. Aber sobald dein Pferd sich in Bewegung setzt, musst du die Hilfengebungen einsetzen, die ich im vorigen Kapitel beschrieben habe. Natürlich kann ich nicht bei jedem Manöver die Hilfen noch einmal genau beschreiben. Darum wird es manchmal notwendig sein, dass du in diesem Buch zurückblätterst und dir vielleicht die eine oder andere Beschreibung der Hilfengebung noch mal aufmerksam durchliest.

Ich finde es außerdem sehr wichtig, dass ich dir die Hilfen genau so erkläre, wie es der gute Westernreiter machen sollte, damit du weißt, wie es am Ende aussehen soll. Nun wird es aber so sein, dass du als Anfänger wahrscheinlich Probleme haben wirst, alle Hilfen im richtigen Maß und zum richtigen Zeitpunkt zu geben. In den Fällen, wo es sinnvoll ist, gebe ich dir darum an, was du als Anfänger zuerst oder am meisten üben sollst. Gib deine Hilfen am Anfang deutlich und lieber etwas übertrieben. Dein Pferd versteht dich dann besser, als wenn es nur ganz zaghafte Signale bekommt. Dort, wo es Sinn macht, werde ich dir Übungen vorschlagen.

Endlich geht es los: Das Anreiten

So sieht die Hilfengebung und ihre Reihenfolge für das Anreiten aus:

Gewicht: Leicht nach vorne verlagern. Die Schultern gehen etwas nach vorne. Der Po kann sich ruhig ein bisschen aus dem Sattel heben. (Seite 72)

Schenkel: Beide Unterschenkel anlegen, wenn nötig auch mit Druck oder leichtem Klopfen. Beide Beine treiben. (Seite 75)

Zügel: Die Hände und Unterarme und damit auch die Zügel gehen leicht nach vorn. (Seite 79)

Stimme: Zum Schluss kurz und deutlich mit der Zunge schnalzen. (Seite 82)

Das Anreiten: Hier siehst du fast übertrieben deutlich: Das Körpergewicht wird nach vorne verlagert. Auch die Hände gehen etwas nach vorne.

Für den Anfänger: Am wichtigsten sind hier der Schenkeldruck und die Stimme. Du kannst zunächst einmal nur diese Hilfen üben.
Für alle: Sobald dein Pferd sich in Bewegung gesetzt hat, hört die Hilfengebung nach und nach wieder auf: Du setzt dich wieder aufrecht. Die Unterschenkel machen keinen Druck mehr. Die Hände und die Zügel gehen wieder in ihre normale Stellung.

Die Kleinsten lassen sich noch führen.

Worauf du achten solltest:

- Führe die Bewegungen nicht zu hektisch aus. Setze dich nicht zu schnell wieder zurück, wenn das Pferd losläuft. Vielleicht versteht es dich sonst falsch und bleibt wieder stehen.
- Wenn dein Pferd nicht losgehen mag, dann verstärke die Schenkelhilfe: erst durch mehr Druck, wenn das nichts hilft, durch Klopfen mit dem Absatz (ohne Sporen). Wenn du ein besonders faules Pferd erwischt hast, dann musst du ihm vielleicht mal mit dem Zügelende oder mit einer Gerte einen Klaps auf die Kruppe geben.
- Wenn dein Pferd einfach losgeht, bevor es die Hilfen bekommen hat, dann halte jedes Mal wieder an! Hier musst du konsequent sein und von vornherein klar machen, dass das Pferd auf dich hören muss. Dafür musst du natürlich das Anhalten lernen. Also schau dir dafür die Hilfengebung auf Seite 104 an. Dein Pferd sollte am besten erst dann antreten, wenn alle Hilfen gegeben worden sind.

Mal links, mal rechts, im Kreis herum

Am Anfang wirst du sicherlich auf einem Reitplatz oder in einer Halle üben. Und da jeder Platz und jede Halle mal zu Ende ist – auch wenn sie noch so groß sind – kommst du nicht darum herum, dein Pferd nach links oder rechts zu lenken. Das ist auch gut so. Denn für den Reitanfänger ist es sehr wichtig, dass er sein Pferd bald in die Richtung führen kann, in die er möchte. Das gibt dir Sicherheit und Vertrauen. Und so geht es, wenn du nach rechts reiten möchtest:

Fast alles kann man an der Longe üben

Wie wichtig für Anfänger das Reiten an der Longe ist, habe ich dir schon auf Seite 67 erklärt, wo es um den guten Sitz ging. An der Longe können aber auch die wichtigsten Reitaufgaben und Manöver sehr gut geübt werden. Das Anreiten, das Anhalten, die Tempokontrolle, ja sogar dein Pferd nach links oder rechts zu lenken – das alles kannst du mit Hilfe eines Reitlehrers oder eines erfahrenen Westernreiters üben.

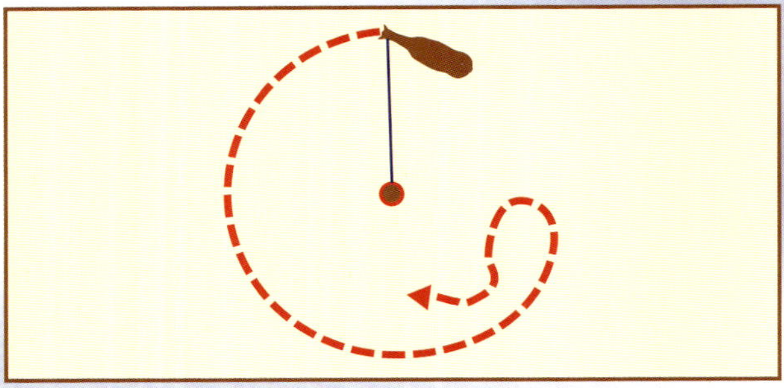

Gewicht: Nach rechts verlagern. Dabei geht die rechte Hüfte ein klein wenig nach vorne. Der Fuß drückt etwas mehr in den Steigbügel (Seite 72).

Schenkel: Der linke Unterschenkel wird eine Handbreit hinter dem Gurt angelegt und – je nach Bedarf mehr oder weniger stark – an den Pferdekörper gedrückt, in die Richtung, in die sich das Pferd bewegen soll. Das Bein hat nun die Aufgabe zu führen und nicht zu treiben (Seite 75). Der rechte Unterschenkel bleibt locker am Pferdekörper liegen, dort wo der Gurt ist. Stell dir vor: Dein rechtes Bein ist wie ein Pfosten, um den sich der Pferdekörper leicht nach rechts biegt.

Nach links reiten: Rechts ist außen, links ist innen. Nach rechts reiten: Links ist außen, rechts ist innen.

Zügel: Zuerst legst du den linken Zügel dem Pferd ganz locker an den Hals, als ob hier eine Begrenzung durch ein lockeres Seil wäre. Dann nimmst du mit dem rechten Zügel Kontakt zum Pferdemaul auf (Seite 79) und führst den Kopf des Pferdes behutsam in die Richtung, in die es gehen soll, also nach rechts.

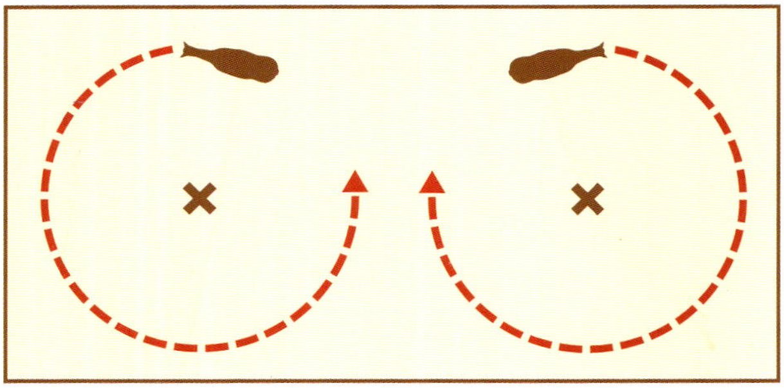

Stimme: Die brauchen wir hier nicht.

Für den Anfänger: Zuerst nur die Zügelführung üben. Dann kommt die Schenkelhilfe hinzu. Wenn das gut klappt, kannst du die perfekte Hilfegebung ausprobieren: Zuerst

Gewicht verlagern, dann Schenkeldruck, dann Zügelführung.

Für alle: Möchtest du nach links reiten, geht natürlich alles genau anders herum. Weil viele Reiter und Reitlehrer nicht immer alles einmal links herum und dann rechts herum erklären wollen, sprechen sie oft von »innen« und »außen«. Dabei stellen sie sich vor, das Pferd geht nicht nur ein paar Schritte in eine bestimmte Richtung, sondern macht einen ganzen Kreis. Dort wo der Mittelpunkt des Kreises wäre, (oder wo der Longenführer stehen würde, wenn das Pferd an der Longe läuft) ist »innen«. Die andere Seite, die vom Kreismittelpunkt abgewendet ist, ist dann eben »außen«. Wenn du also links herum reiten möchtest, dann musst du dein Gewicht nach innen (links) verlagern. Der äußere Unterschenkel, also hier der rechte, wird angelegt. Der äußere (also der rechte) Zügel liegt locker am Pferdehals an. Der innere (bei der Linkswendung also der linke) stellt den Kopf des Pferdes in die gewünschte Richtung. Willst du nun wieder nach rechts reiten, dann ist innen und außen genau umgekehrt. Lass dich nicht verwirren. Stelle dir alles genau vor, oder setze dich auf einen Stuhl und übe die Bewegungsabläufe erst einmal »auf dem Trockenen«.

Worauf du achten solltest:

- Schaue immer in die Richtung, in die du reiten möchtest. Dein Körpergewicht verlagert sich dadurch schon ein wenig, und feinfühlige Pferde merken dann schon, wohin es gehen soll.
- Wenn du es anfangs nicht schaffst, alle Hilfen in der richtigen Reihenfolge zu geben, dann lass die Gewichtshilfe erst mal weg und übe die Schenkelhilfe und die Zügelhilfe. Vergiss aber nie: Viele gute Westernreiter können ihr Pferd fast nur durch Gewichtsverlagerung in die gewünschte Richtung führen. Und das will geübt sein!
- Wenn du die Gewichtsverlagerung übst: Aufpassen, dass du dabei nicht mit der Schulter nach rechts abkippst. (Am besten noch mal nachlesen auf Seite 73.) Denn sonst drückst du dein Pferd in die andere Richtung als du möchtest. Deine beiden

Ganz wichtig: Die Wendungen nach links und nach rechts. Du kannst sie nicht oft genug üben. Denn so lernst du, deine Hilfen zu kombinieren und jede einzelne Hilfe zum richtigen Zeitpunkt und im richtigen Maße einzusetzen. Mit einer Pylone geht's leichter.

Übungen zur Richtungsänderung

Die Richtungsänderungen kannst du gar nicht oft genug üben! Denn hier bekommst du das notwendige Feingefühl dafür, wie viel Zügelzug, wie viel Schenkeldruck oder wie viel Gewichtsverlagerung du brauchst, damit dein Pferd versteht, was du von ihm möchtest. Und auch die Kombination der Hilfen und ihre Abstimmung aufeinander kannst du hier hervorragend üben. Das ist auch die Voraussetzung dafür, dass schwierigere Manöver wie zum Beispiel Seitengänge (Seite 129) wirklich klappen.

Übung 1
Du stellst dir vier Pylonen als Viereck auf. Dann reitest du außen um sie herum. An den Ecken machst du einen Richtungswechsel. Wenn das klappt, dann reitest du genauso innen im Viereck herum. Links herum und rechts herum – beide Seiten solltest du gleichmäßig üben.

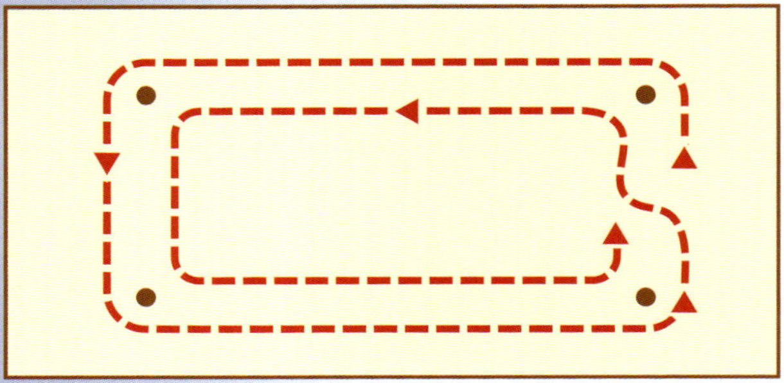

Übung 2
Eine Pylone kommt in die Mitte. Du reitest im Kreis um sie herum. Wenn das ganz gut klappt, dann machst du eine Kehrtwendung zur Pylone hin und weiter in die andere Richtung. Du reitest den Kreis also nun anders herum. Diese Übung kannst du, wenn du dich noch nicht ganz sicher fühlst, auch hervorragend an der Longe üben.

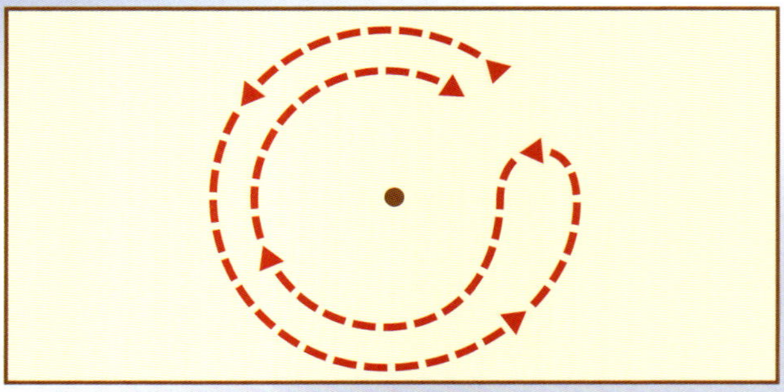

Schultern müssen immer waagerecht auf einer Höhe bleiben.

- Viele Pferde sind – wie wir Menschen ja auch – auf einer Seite geschickter als auf der anderen. Es kann also sein, dass du auf der einen Seite die Hilfen stärker geben musst als auf der anderen. Verstärke zuerst den Schenkeldruck, und erst, wenn das nicht reicht, den Zug am Zügel.

Übung 3
Stelle dir zwei Pylonen auf den Reitplatz (nicht zu eng und nicht zu weit) und reite Achter um sie herum. Dann können es auch mehr Pylonen werden und du reitest zum Beispiel die Figur auf der Zeichnung. Reite nicht immer die gleiche Figur, sondern wechsle ab. Sonst weiß dein Pferd bald im Voraus, was nun kommt und macht es von alleine. Du weißt dann nicht genau, ob es deinen Hilfen folgt oder einfach nur aus Gewohnheit den richtigen Weg einschlägt.

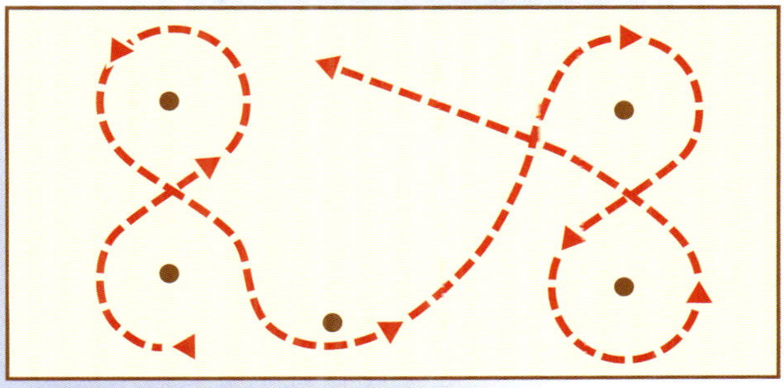

Übung 4
Wenn du Stangen zur Hand hast (auch die gibt es normalerweise bei jedem Reitbetrieb), dann lege sie wie auf der Zeichnung. Stelle eine oder zwei Pylonen davor und reite nun die Bahnen, wie sie hier gezeichnet sind. Du wirst merken, dass es viel Feingefühl braucht, damit man so zwischen den beiden Stangen hindurchreiten kann. Vor allem der richtige Einsatz deiner Unterschenkel, mal links, mal rechts, ist hier wichtig.

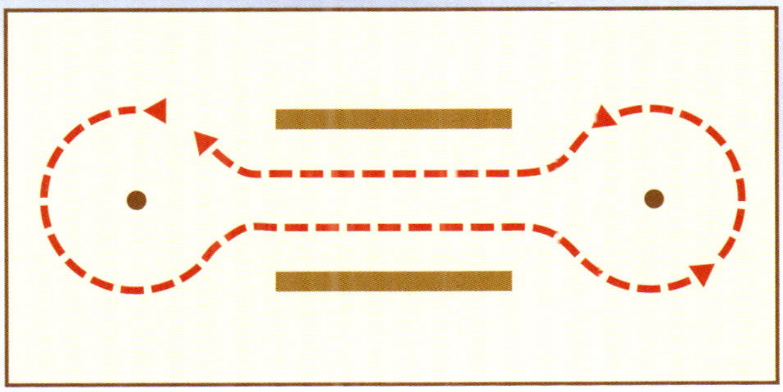

- Genauso machst du es, wenn das Pferd beschließt, nicht mehr richtig auf dich zu achten und zum Beispiel zum Hallenausgang hindrückt oder zur Mitte der Halle oder zum Trainer, weil es meint, dort könnte es dann ein Päuschen machen oder sogar Feierabend.

Übung fürs Anhalten

Lege dir Stangen in einer Linie und mit großen Abständen auf den Boden. Dein Pferd geht gerade an ihnen entlang. Du hältst am Ende einer Stange an wie unten auf dem Bild. Wenn das einigermaßen klappt, bringst du Abwechslung ins Spiel: Damit dein Pferd nicht schon genau weiß, was auf es zukommt und von alleine an der Stelle anhält, wechselst du den Haltepunkt und hältst beispielsweise mal am Ende der zweiten oder der dritten Stange an.

Hilfe – wo ist die Bremse? Das Anhalten

Wenn man auf dem Pferd gar nichts mehr tut, dann halten die meisten Pferde irgendwann mal von alleine an. Doch dann lernt das Pferd, dass es selbst bestimmt, wann Schluss ist. Und das solltest du ihm nicht durchlassen. Wie also bist du es, der bestimmt, wann angehalten wird?

Gewicht: Du gibst dein ganzes Gewicht über die Beine in die Steigbügel. Der Absatz deiner Stiefel wird dabei deutlich nach unten gedrückt. Um das zu erreichen, geht der Oberkörper zurück, und zwar so, als wolltest du deinen Bauchnabel einklemmen oder als hätte dir jemand in den Bauch geboxt (Seite 73). Das kann man auch gut auf einem Stuhl üben.

Schenkel: Die Unterschenkel tun hier gar nichts. Durch den Druck, den du auf die Steigbügel ausübst, gehen sie eher ein bisschen vom Pferdekörper weg.

Wichtig beim Anhalten: Gewicht auf die Steigbügel geben und das Stimmkommando »Whoa!«.

Die Ohren des Pferdes

Beachte unbedingt immer wieder die Ohren deines Pferdes. Sie sind wie Signalgeber dafür, was gerade in seinem Kopf vor sich geht. Sind beide Ohren nach vorne gerichtet, dann achtet dein Pferd auf alles Mögliche, nur nicht auf dich. Kein Wunder, dass es dann gar nicht richtig auf deine Hilfengebung reagiert. Du solltest dir dann unbedingt seine Aufmerksamkeit zurückholen, indem du die Hilfengebung verstärkst. Zum Beispiel durch mehr Druck oder Klopfen mit dem Unterschenkel, oder mit dem Zügel durch ein leichtes Zupfen am Pferdemaul. Mindestens ein Ohr sollte leicht nach hinten, in deine Richtung gedreht sein. Geht man auf einem Kreis, dann sollte es unbedingt das innere Ohr sein, wie auf Seite 82. Dann ist die Aufmerksamkeit des Pferdes wieder beim Reiter.

Zügel: Die Hände gehen bei gut ausgebildeten Pferden nach vorne. Denn wenn dein Pferd gut auf deine Hilfen reagiert, geht sein Kopf beim Anhalten nach vorne und du würdest ihm im Maul reißen, wenn der Zügel sich dadurch plötzlich anspannt.

Stimme: Du sagst »Whoa!«, und zwar nicht aufgeregt oder mit piepsiger Stimme, sondern in einem ruhigen, tiefen und festen Ton (Seite 82).

Für den Anfänger: Am wichtigsten sind hier die Gewichtsverlagerung in die Steigbügel und die Stimme.

Worauf du achten solltest:

- Drücke dich nicht nach hinten schwer in den Sattel. Achte darauf, dass du den Rücken deines Pferdes eher etwas entlastest, indem du dein Gewicht auf die Steigbügel verlagerst. Deine Beine sind wie Stoßdämpfer, die den plötzlichen Ruck beim Stoppen abfedern. Dein Pferd kann dann besser halten.
- Es gibt Pferde, die sind nicht gut ausgebildet oder ein bisschen »dickköpfig« und halten einfach nicht an. Dann nimmst du die Zügel an, stellst Kontakt zum Pferdemaul her und ziehst deutlich nach oben: kurz links, kurz rechts. Das ist unangenehm fürs

Pferd, doch so sagst du ihm: »Du hättest jetzt besser angehalten!«. Nicht an beiden Zügeln gleichzeitig ziehen, sonst legt ein Pferd, das nicht gut ausgebildet ist, sich auf den Zügel (Was das bedeutet? Lies nach auf Seite 79). Aber auch bei solchen Pferden gilt: Gib deinem Pferd die Chance zu lernen und versuche es immer wieder ohne Zügelhilfe!

- Wenn du das Anhalten übst, dann solltest du nicht direkt nach dem Anhalten gleich wieder anreiten. Mach entweder eine kleine Pause, oder wende dein Pferd in die andere Richtung. Das Pferd lernt dann leichter, dass es wirklich halten soll und das Anhalten macht dann auch für das Pferd einen Sinn.

Du bestimmst das Tempo

Ein Pferd kann im Schritt sehr langsam, mit kleinen Schritten gehen, oder aber recht flott, mit großen Schritten. Das Gleiche gilt für den Trab und den Galopp. Beim Trab geht es von einem gemütlichen Jog bis zu einem rasanten Renntrab. Gut ausgebildete Pferde können sehr kontrolliert und langsam galoppieren. Wenn du schon mal bei einem Turnier einen Pleasure-Wettbewerb gesehen hast, weißt du, was ich meine (Mehr übers Pleasure findest du auf Seite 165 und gesprochen wird es »pläscher«). Aber natürlich können Pferde im Galopp auch so loslegen, dass dir Angst und Bange wird. Vor allem in den schnellen Gangarten ist es sehr wichtig, dass du es bist, der das Tempo bestimmt und nicht dein Pferd! Schon alleine wegen der Sicherheit! Aber auch, weil du bestimmte Dinge

unmöglich üben kannst, wenn dein Pferd ständig davonrennt. Das betrifft vor allem die Richtungsänderungen. Auch wenn dein Pferd eine echte Schlaftablette ist, macht das wenig Freude und man muss schon mal für Tempo sorgen. Die Tempokontrolle im Trab und Galopp wirst du jedoch niemals beherrschen, wenn du nicht schon im Schritt dein Pferd mal langsam, mal schnell gehen lassen kannst. Erst wenn du die Hilfengebung im Schritt gut hinbekommst, können die gleichen Hilfen im Trab und dann auch im Galopp geübt werden.

Und so geht es, wenn man langsamer werden möchte:

Gewicht: Etwas nach hinten, auf die hinteren Hosentaschen in den Sattel sitzen. Du entspannst dich und wirst dadurch richtig schwer.

Schenkel: Sie bleiben locker und machen keinen Druck auf den Pferdekörper.

Zügel: Die Zügel brauchst du nur, wenn das Pferd durch Gewicht und Stimme nicht langsamer wird. Dann nimmst du den Zügel so zurück, dass etwas Zug am Maul entsteht. Aber Achtung: In diesem Fall musst du auch Schenkeldruck einsetzen! Warum das so ist, lies nach im Abschnitt »Wie trägt dich dein Pferd am besten?« auf Seite 132).

Stimme: Du kannst mit beruhigender Stimme auf dein Pferd einwirken. Viele Westernreiter sagen »Easy« (Man spricht das »iiisi«, also ein langes i am Anfang).

Für den Anfänger: Am wichtigsten ist die Gewichtshilfe. Die Stimme einzusetzen fällt dir sicher auch nicht schwer. Wenn's nicht klappt, vorsichtig die Zügel dazu nehmen.

Vom schnellen (ganz linkes Bild) in den langsamen (ganz rechtes Bild) Trab: Vor allem das Körpergewicht nach hinten verlagern und dabei entspannt passiv sitzen. Wenn das nicht reicht, nimmst du die Zügel- und die Schenkelhilfe hinzu (Bild links Mitte). Wird das Pferd langsamer, verringerst du die Zügel- und Schenkelhilfe (Bild rechts Mitte).

Schneller als die Polizei erlaubt!

Für alle: Sobald das Pferd im gewünschten Tempo geht, gehst du langsam wieder in die normale Reitposition. Auch deinen Zügelzug und deinen Schenkeldruck nimmst du wieder weg, sobald und solange dein Pferd das richtige Tempo hat.

Worauf du achten solltest:

- Wenn du die Zügel einsetzt und dabei keinen Schenkeldruck ausübst, dann reagiert dein Pferd wie eine gespannte Feder: Jedes Mal, wenn du den Zügelzug locker lässt, schnellt es wieder nach vorne und wird schneller. Um das zu verhindern, müsstest du immer mehr am Zügel gegenhalten – bis das passiert, was ich auf Seite 79 beschrieben habe: Das Pferd »legt sich auf den Zügel«.
- Achte darauf, dass Schenkeldruck und Zügelhilfe zusammengegeben werden und zusammen auch wieder nachlassen.

Und wenn' schneller gehen soll:

Gewicht: Eher etwas nach vorne. Dein Körper spannt sich leicht an, als wolltest du selbst gleich vorwärts eilen (Seite 72).
Schenkel: Deine Waden spannen sich an und drücken im Rhythmus der Bewegung des Pferdes an den Pferdekörper. Die Unterschenkel treiben also. Im Schritt drückt man abwechselnd links und rechts im Takt des Pferdes. Im Trab und Galopp wird mit beiden Unterschenkeln auf beiden Seiten gleichzeitig getrieben (Seite 75).
Zügel: Die Zügel gehen nach vorne, so dass keine Bremsung durch einen Zug am Pferdemaul entsteht.
Stimme: Man kann im Takt schnalzen, und zwar immer ein winziges bisschen schneller als das Pferd geht.
Für den Anfänger: Meistens bringt das Treiben mit den Schenkeln schon den Erfolg.
Auch hier: Alle Hilfen hören nach und nach auf, sobald dein Pferd das richtige Tempo hat.

Worauf du achten solltest:

- Aufpassen, dass du in der Gangart bleibst, in der du gerade bist, also nicht vom Schritt in den Trab fällst. Dazu muss man die Hilfengebung genau dosieren. Das heißt, du musst ein Gespür dafür entwickeln, wie stark die Hilfen gegeben werden sollten.

Übungen für die Tempokontolle

Übung 1:
Lege dir in der Halle oder auf dem Reitplatz einige Stangen parallel zueinander auf den Boden. Liegen sie weit auseinander, dann muss das Pferd große Tritte machen (Bild links). Liegen sie deutlich enger (Bild rechts), dann muss es kleinere Tritte machen. Lass dir dabei am besten von jemandem mit Erfahrung helfen, da die Abstände bei Schritt- und Trabstangen unterschiedlich sind. Du musst dein Pferd natürlich durch deine Hilfengebung dabei unterstützen, dass es gut und im richtigen Tempo über die Stangen kommt.

Übung 2:
Lege die Stangen wie einen Fächer aus. Dann kannst du das langsamere und das schnellere Tempo in verschiedenen Schrittlängen üben. Geht dein Pferd mehr außen über die Stangen, muss es größere Schritte machen. Geht es mehr innen, näher beim Mittelpunkt des Fächers, dann macht es natürlich kleinere Schritte.

Auch bei faulen Pferden nicht zu stark mit den Absätzen kicken. Nimm lieber mal das Zügelende und gib ihm einen Klaps auf die Kruppe.

- Gib deinem Pferd Zeit zu verstehen, was du von ihm willst. Auch wenn Pferde die größeren Köpfe haben – bei ihnen dauert es einfach länger als beim Menschen, bis sie kapiert haben, worum es geht. Also nicht mit der Hilfengebung nach vier oder fünf Schritten schon aufhören.
- Auch bei faulen Pferden: Nie mit den Sporen kicken, wenn du schon welche trägst! Denn entweder stumpft das Pferd ab und reagiert gar nicht mehr auf die Sporen. Oder aber es rennt gleich los, wenn es den Sporn spürt und wir haben nicht mehr die Möglichkeit, das Pferd durch leichte Berührungen mit den Sporen in die gewünschte Richtung zu lenken. Ist dein Pferd wirklich etwas träge, dann gib ihm lieber mal mit der Gerte oder dem Zügelende einen Klaps auf die Kruppe.

Und ab geht's ... Die schnellen Gangarten

Was man im Schritt nicht kann, das klappt im Trab und Galopp erst recht nicht! Wenn du aber im Schritt dein Pferd gut in die gewünschte Richtung lenken kannst, dann versuche es nun im Trab und danach im Galopp. Auch die Tempokontrolle sollte nun im Trab und im Galopp geübt werden, wenn sie im Schritt schon ganz gut klappt. Was du auf jeden Fall tun kannst – auch wenn du im Schritt bei vielem noch unsicher bist – ist, an der Longe diese schnelleren Gangarten zu üben. Je besser dein Sitz ist, um so leichter tust du dich später mit den Hilfen (Lies nach auf Seite 62). An der Longe kannst du auch ausgezeichnet die Hilfen üben, mit denen man das Pferd antraben und angaloppieren lässt.

Doch erst mal in den Trab

Hier die Hilfen für den Trab:

Gewicht: Leicht nach vorne-oben verlagern. Der Oberkörper spannt sich etwas an, die Schultern gehen etwas nach vorne, als

Für das Antraben vor allem mit beiden Unterschenkeln gleichzeitig treiben und mit der Zunge schnalzen.

wolltest du mit dem Pferd nach vorne weggehen. Der Rücken des Pferdes wird entlastet (Seite 72).

Schenkel: Mit beiden Unterschenkeln treiben, also immer wieder leicht andrücken oder klopfen (Seite 75).

Zügel: Ohne Zügelzug, aber deine „verlängerten Finger» halten den Kontakt zum Pferdemaul. (Was damit gemeint ist, steht auf Seite 80). Ist das Pferd angetrabt, lässt man etwas lockerer, bleibt aber in Kontakt.

Stimme: Ein schnelles Schnalzen mit der Zunge, solange bis das Pferd antrabt.

Für den Anfänger: Am wichtigsten ist das Treiben durch den Schenkeldruck und die Stimmhilfe, also das Schnalzen. Also erst mal auf diese Weise das Antraben üben. Meistens funktioniert es so.

Worauf du achten solltest:

- Wenn dein Pferd beim Antraben den Kopf hochwirft, dann ist das ein sicheres Zeichen dafür, dass etwas nicht ganz geklappt hat. Vielleicht war dein Zügelzug zu stark. Oder du hattest es bereits im Schritt nicht richtig unter Kontrolle und es hat hier schon nicht auf deine Schenkelhilfe oder Zügelhilfe reagiert. Gehe zurück in den Schritt und übe noch mal die Tempokontrolle.
- Genauso reagiert es, wenn es gerade mit langem Zügel entspannt und ruhig im Schritt geht und du ganz plötzlich antraben willst. Das Pferd zuckt dann ja fast zusammen. Also: Darauf achten, dass du die Aufmerksamkeit deines Pferdes bei dir hast und dass du es nicht mit deiner Hilfengebung überfällst. Spanne dich selbst etwas an und stelle vor dem Antraben mit den Zügeln Kontakt zum Pferdemaul her. Dein Pferd merkt dann: Aha, jetzt passiert gleich etwas. Beim Antraben lässt du die Zügel aber wieder etwas lockerer
- Bei faulen oder eher ruhigen Pferden brauchst du keinen Kontakt zum Pferdemaul. Die Zügel hängen etwas durch. Bei den Feurigen hältst du gerade so viel Kontakt zum Pferdemaul, dass sie nicht in einen Renntrab oder sogar in den Galopp fallen.

Leichttraben

Nun ist das Pferd angetrabt, und wenn du nicht ein außergewöhnliches Naturtalent bist, dann wirft es dich jetzt ganz schön im Sattel herum. Der Trab ist die Gangart des Pferdes, bei der es am schwersten ist, ruhig im Sattel sitzen zu bleiben. Deshalb hat man in der klassischen Reitweise das Leichttraben erfunden. Manche Westernreiter sind zu stolz und lehnen das Leichttraben ab, weil es nicht dem echten Western-Stil entspricht. Aber wenn du einmal die ersten Trabversuche hinter dir hast und dir richtig der Hintern weh tut, dann wirst du sicher – wie heute die meisten Westernreiter – darauf pfeifen, ob die Cowboys früher so geritten sind oder nicht. Denn das Leichttraben heißt so, weil der Trab sehr viel leichter wird – wenn man es beherrscht. Auch für das Pferd ist es angenehmer, weil man ihm als Anfänger dann nicht so hart in den Rücken plumpst. Mag sein, dass dir das Leichttraben am Anfang gar nicht leicht erscheint. Ein Anfänger sollte dabei auf jeden Fall Unterstützung durch einen Reitlehrer oder einen erfahrenen Reiter haben (das kann ruhig auch ein Klassisch-Reiter sein). Ich empfehle dir, unbedingt an der Longe zu üben. Denn dann musst du nicht ans Antraben oder an das Führen des Pferdes denken (das tut dein Helfer, der das Pferd longiert) und kannst dich voll auf deine eigenen Bewegungsabläufe konzentrieren. Wenn du das Leichttraben einmal raushast, wirst du es nie wieder verlernen. Es ist wie Fahrradfahren eine reine Übungssache.

Das Leichttraben: Beim oberen Bild sitzt die Reiterin im Sattel, unten hebt sich der Po etwas aus dem Sattel heraus, wenn das innere Hinterbein untertritt – und das im Rhythmus der Trabbewegungen des Pferdes.

Und so geht's:

Bei jedem zweiten Schritt stellst du dich in den Steigbügel und hebst dich etwas aus dem Sattel. Beim nächsten Schritt wieder absitzen. Im Rhythmus der Pferdeschritte stemmst du dich also etwas hoch und setzt dich beim nächsten Schritt wieder hin. Versuche das mit

Der Galopp: Für viele Reiter ist das die schönste Gangart.

möglichst wenig Kraft zu machen. Eigentlich kann man sich nur vom Schwung des Pferderückens nach oben heben lassen. Der Po muss gar nicht weit aus dem Sattel herausgehoben werden.

Worauf du achten solltest:

- Plumpse nicht einfach zurück in den Sattel, sondern setze dich sanft ab. Sonst bekommt dein Pferd Rückenschmerzen. Eigentlich setzt man sich gar nicht richtig, sondern berührt nur kurz den Sattel mit dem Hosenboden.
- Halte dich niemals an den Zügeln fest. Übe so oft du kannst an der Longe das Leichttraben ohne Zügel. (Die Zügel werden leicht durchhängend am Sattelhorn festgebunden).
- Wenn du den Rhythmus gut raushast, dann kannst du dein Pferd im Trab antreiben, indem du dich aktiv und kraftvoll aus dem Sattel hebst, so als wolltest du mit deinem Becken das Pferd nach vorne schieben.

Jetzt wird es Ernst: Der Galopp

Der Galopp ist etwas Besonderes. Nicht nur, weil er beim Reiten am meisten Spaß macht. Der Galopp ist auch eine Bewegungsart des Pferdes, bei dem es sehr wichtig ist, ob das Pferd sich auf dem Reitplatz links herum oder rechts herum bewegen soll. Warum das so ist, kannst du feststellen, wenn du die Beine eines galoppierenden Pferdes einmal genau beobachtest. Während das rechte Vorderbein weit nach vorne greift, stößt sich das linke Vorderbein mehr nach hinten ab. Auch das rechte Hinterbein greift dann mehr nach vorne, während sich das linke mehr nach hinten abdrückt. (Den genauen Bewegungsablauf habe ich bereits auf Seite 88 beschrieben.) Das geht aber natürlich auch genau anders herum: Das linke Beinpaar greift mehr nach vorne aus. Das rechte Beinpaar stößt sich mehr nach hinten ab.

Nun ist auf einer geraden Strecke völlig gleichgültig, welches Beinpaar sich nach hinten oder vorne abstößt. Aber in einer Kurve oder einem Kreis nach rechts ist es für ein Pferd viel einfacher, wenn das rechte Beinpaar nach vorne greift. Und umgekehrt fällt ihm die Bewegung nach links viel leichter, wenn es die linken Beine sind, die mehr nach vorne gehen. Darum ist es also sehr wichtig, wie das Pferd angaloppiert und wie die Beine sich dann bewegen, je nachdem, ob wir nach rechts oder nach links galoppieren wollen. Alle Reiter unterscheiden darum den Rechtsgalopp und den Linksgalopp.

Auch für den Reiter ist es nicht angenehm, wenn das Pferd im Kreise läuft und dabei eine andere Fußfolge hat. In der Reiterfachsprache nennen wir das einen »Außengalopp«. Dieser Galopp fühlt sich dann irgendwie holperig an. Wir müssen darum unserem Pferd zu verstehen geben, mit welchem Fuß es den ersten Galoppsprung machen soll. Danach richtet sich dann, wie die anderen Beine sich bewegen. Der Galopp muss darum auf besondere Weise vorbereitet werden.

Wie das geschieht, erkläre ich dir zunächst einmal für den **Rechtsgalopp:** Du setzt dich leicht verdreht in den Sattel. Das be-

Für feine Beobachter

Versuche mal die genaue Reihenfolge der Beinbewegungen herauszufinden. Das hilft dir, beim Reiten die Bewegung des Pferdekörpers besser zu spüren. Du wirst feststellen: Beim Rechtsgalopp stößt sich das Pferd zuerst mit dem linken Hinterfuß ab. Dann geht das rechte Hinterbein nach vorne und gleichzeitig drückt sich das linke Vorderbein ab. Als Letztes geht das rechte Vorderbein nach vorne. Und nun ist das Pferd für einen Moment mit allen vier Beinen in der Luft. Dadurch kommt ein Dreitakt mit Schwebephase zustande.

Beobachte genau: Auf beiden Bildern gibt die Reiterin die Hilfen für das Angaloppieren nach rechts. Das linke Bild zeigt die Hilfen von außen beobachtet: Der äußere Unterschenkel wird weit zurückgelegt. Das rechte Bild zeigt die Hilfen von innen beobachtet: Der innere Unterschenkel bleibt am Gurt liegen.

deutet, deine linke (oder äußere) Hüfte geht etwas nach hinten, die rechte (innere) Hüfte etwas nach vorne. Der Oberkörper geht mit, sodass deine Nase und dein Bauchnabel in einer senkrechten Linie sind. Das hat den Zweck, dass du nun dein linkes (also äußeres) Bein weit nach hinten legen kannst. Etwa zwei Handbreit sollten es schon sein. Erst dann kommen nacheinander die Hilfen.
Gewicht: Gib Gewicht in den inneren (also rechten) Steigbügel. Du rutschst damit etwas mehr nach außen, also nach links und sitzt hauptsächlich auf der linken Pobacke (Seite 72).
Schenkel: Der linke, nach hinten gelegte Schenkel gibt Schenkeldruck und treibt, damit das linke Hinterbein des Pferdes den ersten Galoppsprung macht (siehe Kasten links). Der rechte Unterschenkel bleibt ohne Druck vorne am Sattelgurt liegen (Seite 75).
Zügel: Man sollte mit den Zügeln vor dem ersten Galoppsprung ruhig etwas Kontakt zum Pferdemaul haben (was das bedeutet steht auf Seite 79). Doch beim ersten Sprung unbedingt loslassen! Sonst reißt die Trense das Pferdemaul zurück, da der Pferdekopf beim Angaloppieren nach vorne geht.
Stimme: Ein langes schmatzendes Küsschen ist das Stimmkommando fürs Angaloppieren. Je länger du so ein Küsschen ziehen kannst, um so leichter versteht dich dein Pferd.
Für den Anfänger: Am wichtigsten sind für das Angaloppieren der Schenkeldruck mit dem äußeren Bein und die Stimmhilfe, also das Küsschen.
Für alle: Möchtest du in den **Linksgalopp**, geschieht alles eben seitenverkehrt: Das Becken dreht sich so, dass die rechte Hüfte etwas

Schau dir dieses Bild einmal genau an: So sieht ein »Außengalopp« aus. Die Reiterin reitet einen Zirkel nach rechts. Aber das linke Vorderbein des Pferdes – und nicht das rechte – greift nach vorne. Das ist sehr anstrengend für Pferd und Reiter.

nach hinten geht und die linke etwas nach vorne. Du gibst Gewicht auf den linken Steigbügel. Das rechte Bein legst du nach hinten und gibst damit den Schenkeldruck.

Worauf du achten solltest:

- Wenn du aus dem Trab heraus angaloppieren willst, dann ist es sehr wichtig, dass du das Tempo kontrollieren kannst. Wenn das Pferd schon im Trab viel zu schnell ist und in einen regelrechten Renntrab verfällt, dann verlierst du im Galopp erst recht die Kontrolle. Also nur dann angaloppieren, wenn das Pferd ruhig, gleichmäßig und kontrolliert im Trab läuft.
- Wenn das Pferd falsch herum angaloppiert, dann hast du meistens den äußeren Unterschenkel nicht weit genug nach hinten gelegt. Gehe zurück in einen langsamen Trab oder Schritt und versuch es noch mal.
- Durch das Gewicht im inneren Steigbügel hilfst du dem Pferd, wenn es noch nicht so gut ausgebildet ist. Denn es will unter dein Gewicht treten (vergleiche Seite 72) und damit fällt es ihm leichter, richtig anzugaloppieren.
- Manchmal führt der äußere Schenkeldruck mit dem zurückgelegten Bein dazu, dass das Pferd zu sehr nach innen, zur Mitte der gedachten Kreisbahn, ausweicht. Dann musst du dein inneres Bein einsetzen, das ganz normal am Gurt liegt, und durch den Schenkeldruck oder durch leichtes Klopfen das Pferd etwas herausdrücken.
- Achte unbedingt darauf, dass deine Hände mit der Galopp-Bewegung mitgehen, schon beim ersten Galoppsprung. Beobach-

te mal vom Boden aus, wie ein Pferdekopf sich im Galopp bewegt. Du verstehst dann schnell, dass man mit starren Händen das Pferd bei jedem Galoppsprung abbremst oder ihm sogar weh tut.

- Beim Angaloppieren kann es leicht passieren, dass deine Schultern nicht mehr waagerecht bleiben und die innere Schulter absackt. Dadurch wird dein Pferd in eine falsche Richtung gedrückt (auf Seite 73 steht die Erklärung, warum das so ist). Um das zu vermeiden, kannst du die innere Hand etwas höher halten. Im Rechtsgalopp ist also die rechte Hand etwas höher, im Linksgalopp die linke.

Vom Galopp zurück in den Schritt: Gewicht nach hinten verlagern und Zügelhilfe geben.

Vom Galopp zurück in den Trab: Hier reicht es meist schon, wenn die Gewichtshilfe eingesetzt wird, ohne Zügelhilfe.

Und wieder zurück in Trab und Schritt

So schön das Galoppieren auch ist – irgendwann muss es mal wieder langsamer zugehen. »Durchparieren« nennt es der Reiter, wenn das Pferd von einer schnellen Gangart in eine langsamere wechselt. Und natürlich soll das wieder auf unser Kommando hin geschehen, und nicht, weil das Pferd keine Lust mehr hat. Westernpferde werden meistens vom Galopp in den Schritt herunter »gebremst«. Das ist einfacher für Pferd und Reiter. Denn beim Übergang zum Trab kann das Pferd nicht ohne weiteres sofort in einen ruhigen Trab zurückgehen, und es ist schwer, dabei fest im Sattel sitzen zu bleiben und die Hände ruhig zu halten.

Bei beiden Übergängen in langsamere Gangarten sind die Hilfen im Großen und Ganzen gleich. Das gilt auch für den Übergang vom Trab in den Schritt. Wenn du vom Galopp in den Schritt willst, kannst du die Hilfen deutlicher geben. Geht es in den Trab, dann muss man feiner und dosierter vorgehen, damit das Pferd nicht gleich zwei »Gänge zurückschaltet«.

Gewicht: Schwer und entspannt nach hinten sitzen, auf die Nähte

Schon bei den »einfachen« Aufgaben wie Anreiten, Anhalten und Angaloppieren solltest du dir keine Fehler angewöhnen. Denn sonst gelingen die schwierigeren Aufgaben wohl kaum. Lass dich darum immer wieder von einem Trainer korrigieren.

deiner hinteren Hosentaschen. Der Rücken wird etwas runder, fast so, als wollte man anhalten (Seite 72).

Schenkel: Weg mit dem Druck durch Waden oder Absätze, wenn man in den Schritt gehen will. Geht es in den Trab, so kann man die Unterschenkel in dem Moment leicht anlegen, in dem das Pferd »zurückschaltet«.

Zügel: Möglichst ohne Zügelzug. Nur wenn die anderen Hilfen nicht ausreichen, wird auch über den Zügelzug gebremst.

Stimme: Man kann als Unterstützung auch ein Stimmkommando einsetzen. Westernreiter sagen oft »Walk« (gesprochen klingt es etwa so, als ob ein Frosch »Wok« sagen möchte. Es ist das englische Wort für »Geh!«. Manche Pferde kennen aber auch die klassische Stimmhilfe: Beim Übergang zum Schritt das »Scheeritt!« und beim Übergang zum Trab das »Teerabb«.

Für den Anfänger: Versuche es erst mal mit der Gewichtshilfe und Stimmhilfe. Wenn es nicht ausreicht, nimm den Zügel hinzu – aber bitte vorsichtig.

Worauf du achten solltest:

- Die meisten Pferde gehen gerne langsamer. Denn die Natur hat das Galoppieren ja nur erfunden, damit Pferde sehr schnell flüchten können. Und das ist eher mit unangenehmen Dingen verbunden. Solltest du aber ein besonders feuriges oder schlecht ausgebildetes Pferd haben, dann musst du auch mal deutlich die Zügel einsetzen. Am besten ist ein wechselseitiges kurzes Ziehen. Du solltest in diesem Fall aber ganz besonders auch das Anhalten aus dem Schritt und den Übergang vom Trab in den Schritt üben. Dein Ziel muss es sein, immer weniger Zügelhilfen zu brauchen.

Vom Rechtsgalopp in den Linksgalopp

Stell dir vor: Du willst eine Acht reiten, und zwar im Galopp. Dann musst du einmal links herum und einmal rechts herum reiten. Auf Seite 114 hast du gelesen, dass es einen Unterschied zwischen dem Linksgalopp und dem Rechtsgalopp gibt. Die Beine des Pferdes müssen sich links herum und rechts herum jeweils unterschiedlich bewegen.

Was also tun, wenn man diese Acht reiten will? Bei sehr guten Reitern mit gut ausgebildeten Pferden kannst du beobachten, dass das Pferd genau auf dem X-Punkt, also dort, wo sich die Linien der Acht kreuzen, umspringt. In dem Moment, wo für den Bruchteil einer Sekunde alle vier Pferdebeine in der Luft sind, springt das Pferd vom Linksgalopp in den Rechtsgalopp oder umgekehrt. Dieses schnelle Umspringen nennt man fliegenden Galoppwechsel. Einem Pferd diesen fliegenden Wechsel beizubringen ist sehr schwer. Das sollten nur erfahrene Reiter machen. Also lass die Finger davon! Man kann hier sehr viel falsch machen und das beste Pferd vollkommen durcheinanderbringen.

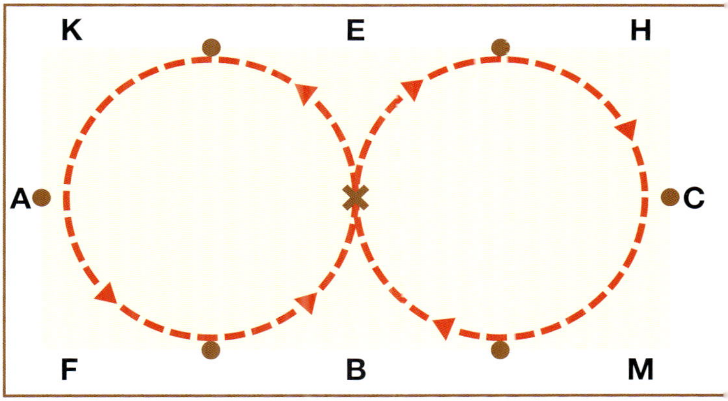

Damit man weiß, wo man etwas machen soll, werden bestimmte Stellen der Reitbahn mit Buchstaben und Punkten gekennzeichnet.

Es gibt aber auch einen einfachen Galoppwechsel. Er ist schwierig genug, aber nicht so schwer wie manchmal behauptet wird. Voraussetzung ist, dass du in der Lage bist, bei einem ganz bestimmten Punkt anzugaloppieren. Natürlich sowohl rechts als auch links herum. Und du musst in der Lage sein, an einem bestimmten Punkt das Pferd wieder in den Trab durchzuparieren (so wie auf Seite 117 beschrieben). Und so geht der einfache Galoppwechsel, wenn er vollständig und richtig ausgeführt wird:

Du reitest rechts herum im Rechtsgalopp, mit den Hilfen, wie sie auf Seite 115 beschrieben sind. Einige Galoppsprünge vor dem X-Punkt pariersts du dein Pferd durch zum Trab. Dann lässt du es ein paar Schritte traben und richtest es dabei gerade. Jetzt kommen die Hilfen für den Linksgalopp zum Einsatz (schau noch mal nach auf den Seiten 115 und 116). Du reitest nun nach links im Linksgalopp und schon hast du die Acht ausgeritten. Bevor du den einfachen Wechsel ausprobierst, solltest du unbedingt die Übungen machen, die auf den folgenden Seiten beschrieben sind.

Vorübungen für den einfachen Galoppwechsel

Übung 1

Du galoppierst auf dem Zirkel. Nun versuchst du dein Pferd an einem bestimmten Zirkelpunkt zum Trab oder zum Schritt durchzuparieren. Lass dein Pferd nach dem Durchparieren ruhig einige Runden im Trab oder Schritt weiterreiten. Wenn dein Pferd nicht genau an dem Punkt die Gangart wechselt, wo du es dir vorgenommen hast, sondern darüber hinaus reitet, dann kannst du es ruhig einige Male an diesem Zirkelpunkt anhalten. So wird es aufmerksamer für deine Hilfen. Du kannst es auch bei A oder C (je nach dem, auf welchem Zirkel du bist) nach dem Anhalten etwa sechs bis acht Tritte rückwärtsrichten. (Wie das geht, steht auf Seite 124.) So macht das Anhalten mehr Sinn für dein Pferd. Bei den Punkten A oder C hilft dir die Bande, dein Pferd gerade zu halten. Nach dem Rückwärtsrichten lässt du es einige Zeit ruhig stehen. Dein Pferd ist nun aufmerksam und wird sich mit wenig Hilfengebung durchparieren lassen.

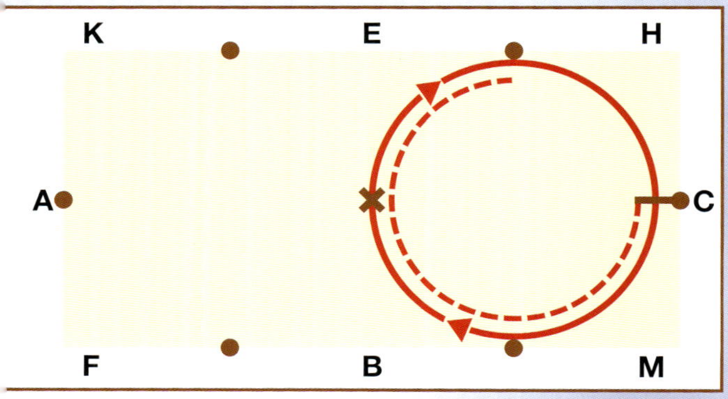

Übung 2

In der folgenden Übung gehst du zunächst wieder auf dem Zirkel in den Galopp – entweder Links- oder Rechtsgalopp. Das Ziel ist es nun, dein Pferd etwa drei bis fünf Galoppsprünge vor einem bestimmten Zirkelpunkt in den Trab oder Schritt durchzuparieren. Nach drei bis fünf Tritten im Trab oder Schritt, galoppierst du wieder in die gleiche Richtung an. Warst du im Linksgalopp, dann bist du jetzt wieder im Linksgalopp. Es wird also noch kein Galoppwechsel gemacht. Das wird sicher nicht auf Anhieb mit nur drei bis fünf Trabschritten gelingen. Und das muss auch nicht sein. Lass euch beiden die ersten Male viel Zeit zum Angaloppieren, auch wenn das Pferd erst mal bis zum nächsten Zirkelpunkt im Trab oder Schritt geht. Wichtig ist, ganz ruhig

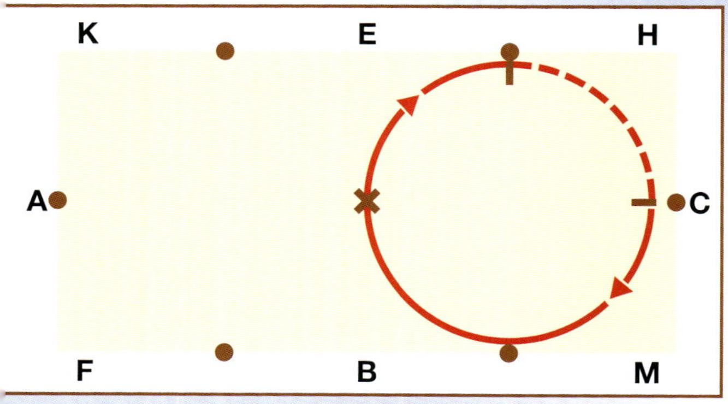

------ = Trab
—— = Galopp
✖ = x-Punkt
● = Zirkelpunkt

in den Galopp zu kommen. Anfangs ist es hilfreich, wenn du dir das erneute Angaloppieren an den Punkten A oder C vornimmst. Dort hilft dir die Bande, dein Pferd zu lenken. Erst nach etlichen Malen wird es wirklich klappen, nach nur fünf Tritten oder Schritten wieder anzugaloppieren. Das ist völlig normal.

Übung 3

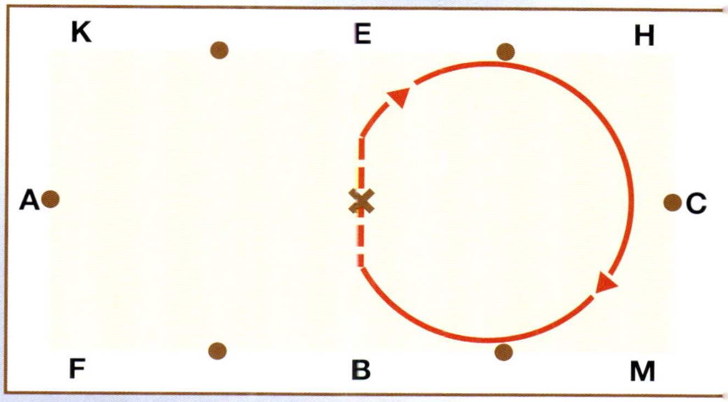

Nun nähern wir uns dem einfachen Galoppwechsel. Doch zuvor habe ich für dich noch folgende Aufgabe: Du reitest im Galopp auf dem Rechtszirkel. Die Übergänge, die du in Übung 2 an den Zirkelpunkten an der Bande geübt hast, machst du jetzt am X-Punkt, also mitten in der Halle oder auf dem Platz (schau dir die Zeichnung an). Du parierst einige Galoppsprünge vor dem X-Punkt in den Trab durch. Dann bleibst du drei bis fünf Tritte auf einer geraden Linie in Richtung des Punktes E. Erst dann galoppierst du wieder im Rechtsgalopp. Dein Pferd soll durch diese Übung auch lernen, dass nicht jedes Mal beim X-Punkt die Richtung und der Galopp gewechselt werden. Mache diese Übung also ruhig auch noch, wenn du den einfachen Galoppwechsel schon übst.

Übung 4

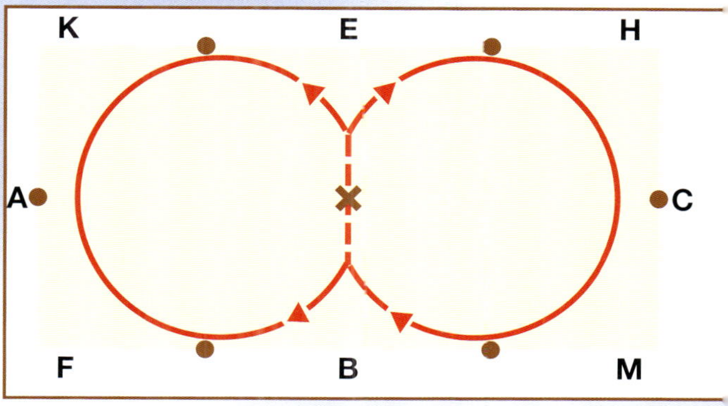

Nun kommt der Richtungswechsel hinzu. Du galoppierst wie in Übung 3 im Rechtszirkel. Vor dem X-Punkt parierst du dein Pferd durch in den Trab. Es folgen drei Tritte auf einer geraden Linie. Nun galoppierst du dein Pferd aber im Linksgalopp an und lenkst es nach links. Und schon bist du einen »einfachen Galoppwechsel« geritten.

Auch hier muss der Galoppwechsel nicht sofort nach nur drei Trabschritten erfolgen. Du kannst die ersten Wochen ruhig viele Galoppsprünge vor dem X-Punkt schon in den Trab gehen. Lass euch beiden so viel Zeit wie nötig, um dein Pferd gut auf den Galopp vorzubereiten. Gib deine Hilfen sorgfältig, verlagere dein Gewicht und lege deinen Schenkel um (noch mal nachlesen auf Seite 115). Es ist wichtig, dass dein Pferd dich gut versteht und in Ruhe angaloppieren kann.

Der einfache Galoppwechsel ist zwar relativ ‚einfach', wenn man an den fliegenden Galoppwechsel denkt. Aber für ein Pferd ist er schon sehr schwierig. Und auch an den Reiter stellt er hohe Anforderungen. Alle Übungen, die wir bisher besprochen haben, sollten bei dir schon recht gut sitzen. Und auch dein Pferd muss den Links- und den Rechtsgalopp fehlerfrei beherrschen!

Du solltest dir unbedingt vornehmen, alle Übungen zum einfachen Galoppwechsel wirklich zu machen, und zwar in der Reihenfolge, in der ich die Übungen nacheinander beschrieben habe. Für uns Menschen, aber erst recht für ein Tier, ist es nämlich sehr wichtig, dass man eine Übung in ganz kleine Schritte einteilt und immer erst dann weitermacht, wenn die kleine Teilübung gut sitzt. Also wirklich zuerst einmal das Durchparieren üben (Übung 1). Dann das Durchparieren und das erneute Angaloppieren an einem Punkt an der Bande (Übung 2). Es folgt die gleiche Aufgabe, aber am X-Punkt des Reitplatzes (Übung 3). Die ist für das Pferd noch ein bisschen schwieriger, weil es im freien Raum, nur mit den Hilfen des Reiters, die richtige Richtung finden muss. Erst dann kommt der eigentliche Galoppwechsel (Übung 4).

Zwei weitere Dinge musst du beachten. Erstens: Lass dir und deinem Pferd viel Zeit! Und zwar in einem doppelten Sinne. Ihr braucht viel Zeit während einer Übung, damit keine Hektik entsteht, damit du deine Hilfen sehr genau und richtig geben kannst und das Pferd genügend Zeit hat, um zu verstehen, was du von ihm willst. Also lieber ein paar Tritte oder Schritte mehr, bevor du wieder angaloppierst. Und es dauert seine Zeit, bis du und das Pferd die Übungen beherrschen. Erwarte nicht, dass du in einer Reitstunde gleich alle vier Übungen nacheinander machen kannst. Jede einzelne Übung braucht mit Sicherheit ein paar Tage bis Wochen Zeit.

Zweitens ist es wichtig, dass du dein Pferd nicht überforderst. Einem Pferd geht es bei diesen Übungen wie dir, wenn du in der Schule sehr viele und sehr schwierige Mathematikaufgaben lösen sollst. Irgendwann lässt die Konzentration nach. Es klappt immer schlechter, und Pferd und Reiter gehen unzufrieden vom Reitplatz. Es reicht also durchaus, wenn du in einer Reitstunde fünf bis zehn Mal Übungen zum einfachen Galoppwechsel machst. Du brauchst außerdem Geduld. Viele Pferde galoppieren zum Beispiel nach dem Galoppwechsel im falschen Galopp an, obwohl du die Hilfen richtig gegeben hast. Gehe dann einen Schritt zurück. Mach es einfacher für dein Pferd. Zum Beispiel dadurch, dass du erst an der Bande den Galoppwechsel machst, so dass das Pferd eine bessere Orientierung hat, in welche Richtung es eigentlich gehen soll.

Die Feinheiten für echte Könner

Wenn du nicht immer nur im Schritt geradeaus reiten willst, bis das Pferd von alleine anhält (was wohl bald ziemlich langweilig werden würde), dann musst du alle die Reitaufgaben und Manöver, die ich bisher beschrieben habe, auf jeden Fall beherrschen. Ohne sie geht gar nichts. Doch nun klappt das vielleicht alles schon ganz gut und du suchst neue Herausforderungen. Darum hier noch ein paar wichtige Übungen und Manöver, mit denen du noch mehr dein Feingefühl für die Hilfengebung trainieren kannst. Sie funktionieren aber nur wirklich gut, wenn du die bisherigen Reitaufgaben nicht nur in der einfacheren Version für Anfänger hinbekommst, sondern auch die korrekte Kombination aus allen Hilfen einigermaßen beherrschst! Und natürlich gibt es für diese Übungen keine Anfänger-Version mehr.
Diese Übungen trainieren aber nicht nur dich, sondern auch dein Pferd. Das Anreiten und Anhalten, den Richtungswechsel nach links und nach rechts, den Übergang von Schritt in den Trab und den Galopp und das Durchparieren muss eigentlich jedes Pferd beherrschen, wenn man auf ihm das Reiten lernen will. Bei Seitengängen sowie Vor- und Hinterhandwendungen ist das nicht unbedingt der Fall. Wenn du also ein weniger gut ausgebildetes Pferd hast, dann bringst du ihm jetzt sogar schon etwas bei.

In der Gruppe zu trainieren macht noch mehr Spaß. Man spornt sich so gegenseitig an.

Achte darauf: Beim Rückwärtsrichten das Pferd nicht an den Zügeln zurückzerren! Sein Kopf soll entspannt nach vorne gesenkt sein.

Gute Übungen sind Rückwärtsrichten durch ein Tor oder zwischen Pylonen hindurch.

Der »Rückwärtsgang« beim Westernpferd

Westernpferden bringt man bei, viele Schritte und schnell rückwärts zu treten. Wir nennen das auch »Rückwärtsrichten«. Der Grund dafür ist, dass die Cowboys im Wilden Westen bei ihrer Arbeit auch mal ein paar Schritte zurückmachen mussten, zum Beispiel, wenn vom Pferd aus ein großes Gatter geöffnet werden musste. Eines musst du aber wissen: Für das Fluchttier Pferd ist das Rückwärtstreten nicht angenehm. Denn es sieht ja nicht, ob hinten irgendeine Gefahr lauert. Du solltest das Rückwärtstreten darum nicht übertreiben und vor allem darauf achten, dass wirklich keine Gefahren – etwa andere Reiter, ein Zaun oder die Bande oder Gegenstände auf dem Boden – vorhanden sind. Und so macht man's:

Gewicht: Dein Gewicht gibst du in die Steigbügel – wie beim Anhalten. Du schiebst dich mit eingezogenem Bauchnabel etwas nach hinten, fast so als wolltest du dich aus dem Sattel stemmen.

Schenkel: Mit den Knien oder Unterschenkeln übst du Druck aus, etwa dort, wo der Sattelgurt liegt. Deine Beine treiben also.

Zügel: Möglichst wenig Zügel! Bei gut ausgebildeten Pferden braucht man gar keinen Zügelzug. Nur wenn die Gewichtshilfe und die Schenkelhilfe nicht ausreichen, kannst du den Zügelzug gerade mal so stark machen, dass das Pferd nicht nach vorne weggeht, wenn du es antreibst.

Stimme: Du schnalzt mit der Zunge in dem Rhythmus, wie dein Pferd sich bewegen soll.

Warum geht er nur nicht rückwärts? – Wo ich doch an den Zügeln ziehe wie verrückt!

Worauf du achten solltest:

- Der schlimmste Fehler, den du beim Rückwärtsrichten machen kannst, ist der, dass du versuchst, das Pferd mit dem Zügel zurückzuziehen! Denn dann wird der Druck auf das Pferdemaul zu stark. Es nimmt den Kopf hoch, verspannt sich im Hals und im schlimmsten Fall beginnt es zu steigen. Ein Pferd soll entspannt und mit gesenktem Kopf rückwärts gehen.
- Wenn du den Zügel brauchst, weil ein Pferd sich noch schwer mit dem Rückwärtstreten tut, dann ziehe wechselseitig rechts und links. Versuche genau herauszubekommen, wie der geringste Zügelzug sich anfühlt, mit dem du etwas erreichst.
- Lass dein Pferd nicht zu oft und zu weit rückwärts treten. Wenn es darin keine Übung hat, dann genügen schon zwei bis drei Schritte. Nach einer Pause können dann noch mal zwei oder drei Rückwärts-Schritte geübt werden.
- Reite nicht gleich nach dem Rückwärtsrichten wieder nach vorne los, sondern mach eine kurze Pause, damit dein Pferd versteht, dass es seine Sache richtig gemacht hat.
- Man kann das Rückwärtstreten dazu benutzen, einem Pferd zu zeigen, dass es etwas falsch gemacht hat. Wenn es zum Beispiel nicht gleich anhält, obwohl du alle Hilfen richtig gegeben hast, dann kannst du es, nachdem es dann endlich steht, etwas zurücktreten lassen. Für ein Pferd macht das Anhalten dann mehr Sinn, denn nur so kann es Rückwärtstreten. Benutze das Zurücktreten aber niemals als Strafe. Sonst bekommt dein Pferd nur noch mehr Angst davor, wie es ohnehin schon hat. Das Rückwärtsrichten ist mehr so, als ob man ein kleines Kind zurückholt, das am Zebrastreifen nicht an der Bordsteinkante stehen bleibt, sondern auf die Fahrbahn hüpft.

So hast du den richtigen Dreh heraus

Ein hervorragendes Training ist die so genannte »Hinterhandwendung« und die so genannte »Vorhandwendung«. Denn dabei kommt es darauf an, alle Hilfen genau im richtigen Maße zu geben und dabei links und rechts ganz unterschiedliche Dinge zu tun. Du

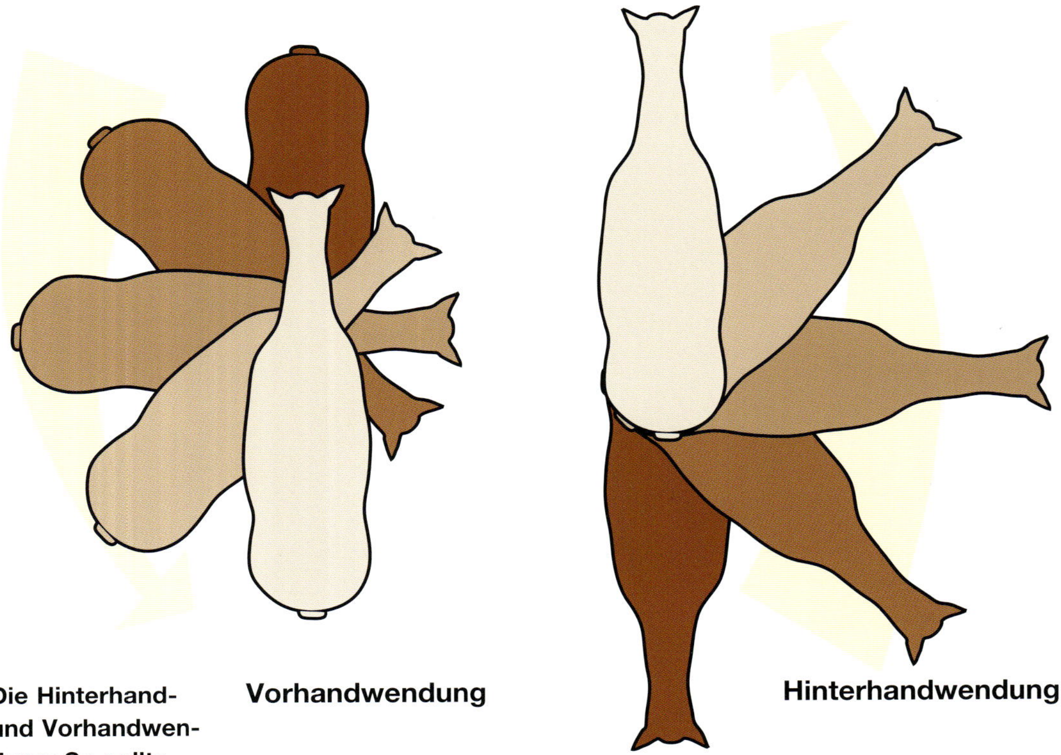

Die Hinterhand- und Vorhandwendung: So sollte es von oben betrachtet aussehen. Diese Reitaufgaben übst du am besten an einer Begrenzung, zum Beispiel an einer Hecke oder an der Bande der Reithalle.

kannst dabei ein sehr gutes Gespür dafür bekommen, wie dein Pferd auf deine Hilfen reagiert. Und die Verständigung zwischen Pferd und Reiter verbessert sich ganz enorm. Was mit Hinterhand und Vorhand gemeint ist, habe ich auf Seite 43 erklärt.

Bei der **Hinterhandwendung** geht es um Folgendes: Die Hinterbeine des Pferdes sollen auf einer Stelle treten, die etwa so groß wie ein normaler Teller ist. Die Vorderbeine gehen aber zugleich in einem Kreis um die Hinterbeine herum. Und so macht man es, wenn sich das Pferd nach links wenden soll: Du stellst dich an die Bande oder einen Zaun, so dass die rechte Seite von dir und vom Pferd zu dieser Begrenzung zeigt.
Gewicht: Du verlagerst dein Gewicht nach links, indem du dich etwas nach links setzt.
Zügel: Bei dieser Übung setzt du die Zügel noch vor der Schenkelhilfe ein. Mit dem linken Zügel führst du das Pferd nach links. Der rechte Zügel hängt aber nicht durch, sondern bleibt auch leicht angespannt und bremst das Pferd etwas, damit es nicht nach vorne wegläuft.
Schenkel: Linker Unterschenkel weg vom Pferd. Der rechte treibt durch leichten Druck ungefähr am Sattelgurt das Pferd nach links.

Worauf du achten solltest:

- Die große Kunst bei dieser Übung ist es, die Zügelhilfe der linken Hand und der rechten Hand jeweils unterschiedlich einzusetzen und dabei für jede Hand genau das richtige Maß zu finden. Das Pferd soll durch den linken Zügelzug nicht zu sehr den Kopf nach links drehen. Du zeigst ihm nur die Richtung. Der rechte Zügel, den du mehr zu deinem Körper herziehst, muss gerade so viel Druck am Pferdemaul ausüben, dass es zwar noch Schritte macht, aber nicht nach vorne wegläuft. Er darf nicht zu groß sein, sonst versucht das Pferd nach hinten auszuweichen. Wenn das nicht hundertprozentig klappt, ist es besser, das Pferd geht etwas nach vorne als zurück.
- Richtig ist die Übung dann, wenn der Linkswendung das rechte Vorderbein des Pferdes über das linke Vorderbein kreuzt.
- Was man links herum übt, sollte im gleichen Maße auch rechts herum geübt werden. Die Hilfen sind dann eben seitenverkehrt. Wenn die Übung an der Bande gut klappt, kannst du sie auch im freien Raum, zum Beispiel an einer Stange, üben.

Und nun zur **Vorhandwendung**. Nun treten die Vorderbeine des Pferdes auf einem Fleck und die Hinterbeine gehen im Kreis darum herum. Ich erkläre es diesmal für die Drehung nach rechts. Und wie immer übst du natürlich auch nach links, mit den Hilfen, die dann gerade andersherum sind.

Die Hinterhandwendung: Die Hinterbeine bleiben auf einem tellergroßen Fleck. Die Vorderbeine sollen sich vorne überkreuzen. Durch die Zügelhilfen führst du dein Pferd so, dass es nicht nach vorne weggeht.

Die Vorhandwendung: Hier bleiben die Vorderbeine auf einem tellergroßen Fleck und die Hinterbeine gehen im Halbkreis drum herum. Achte darauf, den treibenden Unterschenkel deutlich nach hinten zu legen.

Gewicht: Dein Gewicht verlagerst du nach rechts. Die rechte Hüfte schiebt sich dabei nach vorne. Du gibst Gewicht in den rechten Steigbügel.

Schenkel: Du legst den linken Unterschenkel nach hinten, so wie beim Angaloppieren. Wenn du deine rechte Hüfte wirklich etwas vorgeschoben hast, geht es einfacher. Der linke Unterschenkel bleibt am Gurt.

Zügel: Die Zügel haben etwas Kontakt zum Pferdemaul. Beide Hände sorgen dafür, dass das Pferd nicht nach vorne wegläuft und auch nicht mit der Schulter nach rechts oder links ausweicht.

Und noch mal der Schenkel: Nun treibst du mit dem linken zurückgelegten Bein etwa zwei Handbreit hinter dem Sattelgurt dein Pferd so an, dass sich nur das Hinterteil bewegt, und zwar langsam, Schritt für Schritt.

Worauf du achten solltest:

- Die Zügel müssen bei dieser Übung sehr feinfühlig geführt werden. Sie müssen das Pferd immer wieder leicht korrigieren, mal links, mal rechts. Deine Hände müssen dabei sehr flexibel aber ohne Hektik, auf die Bewegungen des Pferdes eingehen können. Das erfordert viel Fingerspitzengefühl.
- Wenn die Übung richtig gemacht wird, dann kreuzt bei der Wendung nach rechts das linke vor dem rechten Hinterbein.

- Achte bei beiden Wendungen – ob auf der Vor- oder Hinterhand – darauf, dass dein Oberkörper gerade bleibt. Er soll weder nach vorne oder hinten geneigt sein und auch nicht zu einer Seite hin absacken.

Seitwärts geht es auch

Zum Schluss noch eine schöne Übung für echte Könner: Das so genannte »Schenkelweichen«. Dabei soll das ganze Pferd sich seitwärts bewegen. Es muss also mit den Vorderbeinen und den Hinterbeinen überkreuzen. Und da sich ein Pferd von alleine niemals so bewegen würde, ist das bereits ein echtes Dressur-Kunststückchen. Ich erkläre es erst einmal für die Bewegung nach rechts und gehe davon aus, dass du das Ganze natürlich auch nach links übst und dir die Hilfen dafür nun schon selbst zusammenstellen kannst.

Gewicht: Du verlagerst dein Gewicht stark nach rechts.

Zügel: Mit den Zügeln musst du nun immer wieder die Bewegungen des Pferdes einfühlsam und flexibel korrigieren. Du verstärkst den Zügelzug links, damit das Pferd nicht nach vorne weggeht. Du führst es mit dem rechten Zügel in die Richtung, in die es gehen soll, also nach rechts. Dabei musst du aber aufpassen, dass es nicht nur eine einfache Richtungsänderung nach rechts macht, sondern den ganzen Körper seitlich bewegt. Und dazu brauchst du die Schenkelhilfe:

Schenkel: Den linken Unterschenkel legst du etwas zurück, etwa eine Handbreit hinter den Gurt. Damit treibst du das Pferd so, dass es Hüfte und Hinterhand nach rechts bewegt.

Worauf du achten solltest:

- Die besondere Herausforderung beim Schenkelweichen ist die, dass du sowohl mit deinen Schenkelhilfen als auch mit den Zügelhilfen beständig auf das Pferd einwirken musst. Du hast also vier Einwirkungsmög-

Beim Seitwärtsgehen: Je weiter dein treibender Unterschenkel zurückgelegt ist, um so besser weicht das Pferd zur Seite. Übrigens: Wenn das Pferd mit dem Schweif schlägt, ist das ein Zeichen dafür, dass du zu viel oder zu lange Druck machst.

Übungen für das Schenkelweichen

Um das Schenkelweichen zu üben, gibt es ein paar gute Übungen. Ich fange mit der einfachsten an.

Übung 1

Du gehst rechts herum im Schritt an der Bande entlang. Die Übung macht man immer an der langen Seite der Bahn, damit man genügend Zeit und Platz für die Vorbereitung und Durchführung hat. Du verlagerst dein Gewicht nach rechts und gibst die Hilfen, wie sie im Text beschrieben sind. Dein Pferd sollte nun in einem spitzen Winkel an der Bande entlang gehen. Da es nach vorne nicht weg kann, ist die Zügelführung noch etwas einfacher als bei den nächsten beiden Übungen. Du weißt schon: Auch in die andere Richtung üben!

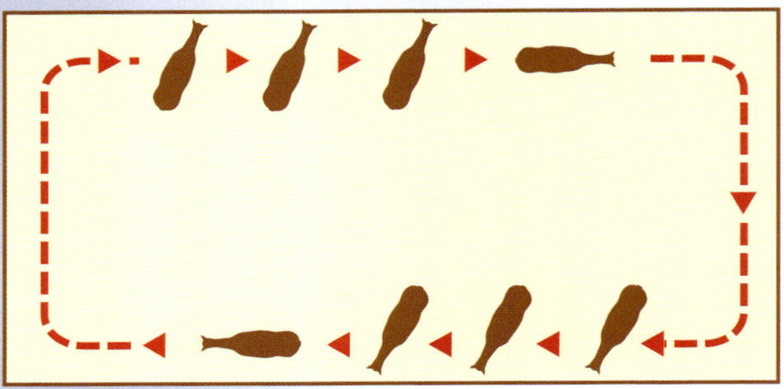

Übung 1

Übung 2

Du gehst im Schritt links herum an der Bande entlang. Wenn du zur kürzeren Seite deiner Reitbahn kommst, dann biegst du etwa in der Mitte zur Platzmitte hin ab. Ein paar Schritte machst du geradeaus. Dann gibst du die Hilfen und lässt dein Pferd vom linken Unterschenkel weg seitlich schräg zur rechten Bande gehen. Dort lässt

Auch für Pferde sind Seitgänge anstrengend. Für ungeübte Pferde sind zwei oder drei Schritte zur Seite schon genug.

lichkeiten, der linke und der rechte Unterschenkel, der linke und der rechte Zügel, die unabhängig voneinander etwas tun müssen. Trotzdem musst du alle vier Einwirkungsmöglichkeiten gut aufeinander abstimmen. Denn du musst sowohl die Hüfte und die Hinterhand des Pferdes als auch seinen Schulterbereich und die Vorhand bewegen.

- Sehr wichtig ist auch hier, dass deine Hände nicht starr stehen bleiben. Sie müssen ständig auf das Pferd eingehen. Durch ständiges Korrigieren, mal durch das Annehmen der Zügel, mal durch das Nach-

du es wieder geradeaus gehen. Man lernt dabei, auch die Vor- und Hinterhand des Pferdes zu kontrollieren.

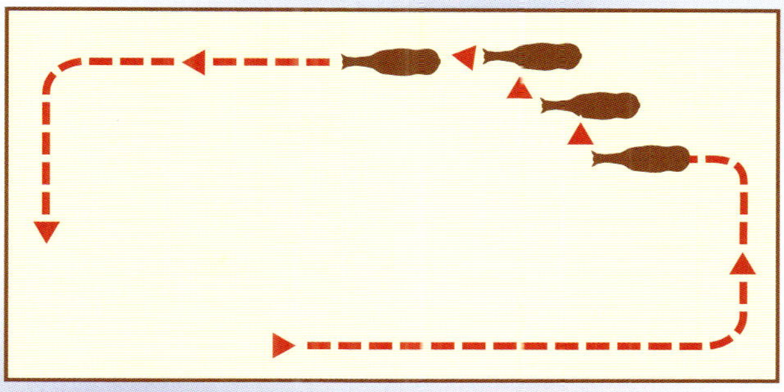

Übung 2

Übung 3 (für Fortgeschrittene)

Nun geht es richtig seitwärts. Du legst eine Stange mitten auf den Reitplatz. Dann reitest du auf die Stange zu, etwa in ihrer Mitte. Wenn das Pferd über die Stange getreten ist, stoppst du so, dass die Stange genau unter dem Bauch des Pferdes liegt. Achte darauf, ob dein Pferd dabei ruhig bleibt, denn Pferde möchten eigentlich nicht gerne etwas unter sich haben. Nun lässt du mit den Hilfengebungen fürs Schenkelweichen dein Pferd einen Schritt nach rechts machen, aber mit dem rechten Zügel führst du es nach rechts. Der linke Zügel wird so angenommen, dass der Zügelzug die Vorwärtsbewegung des Pferdes verhindert. Der Zug darf aber nicht so stark sein, dass das Pferd nach hinten tritt. Nach einem Schritt machst du eine Pause, dann wieder einen Schritt und wieder Pause. Das Pferd soll wirklich nur zur Seite gehen, nicht nach vorne oder hinten.

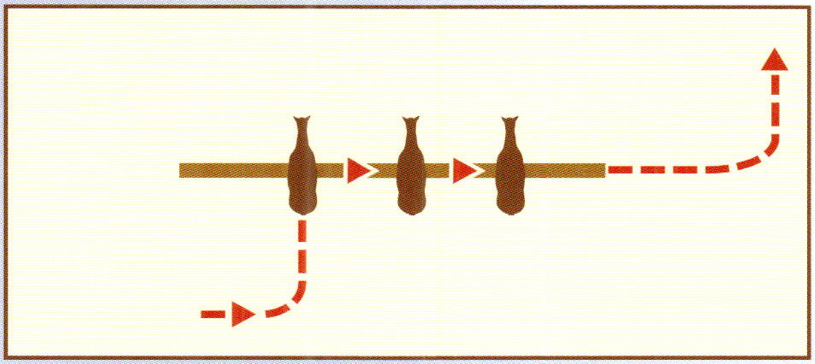

Übung 3

geben, dirigierst du das Pferd in der Seitwärts-Haltung in die gewünschte Richtung.

- Bei Pferden, die das Schenkelweichen noch nicht so gut beherrschen, legst du den Unterschenkel, von dem das Pferd weichen soll, zwei Handbreit oder mehr hinter den Gurt zurück. Dann ist dein Signal für das Pferd eindeutiger.
- Lass dein Pferd nur wenige Schritte seitlich gehen! Für ungeübte Pferde sind zwei bis drei Schritte schon genug. Denn Seitengänge sind anstrengend für das Tier, und du musst ihm unbedingt die Möglichkeit geben, wieder zu entspannen. Diese wenigen Schritte soll es aber möglichst in einem gleichmäßigen Rhythmus und ohne Pausen machen.

Ein Pferd muss lernen, wie es den Reiter am besten trägt.

Wie trägt dein Pferd dich am besten?

Was für eine Frage! Vielleicht hast du dir darüber noch nie Gedanken gemacht. Aber wie ich schon auf Seite 41 gesagt habe: Die Natur hat Pferde nicht dafür geschaffen, dass sie Menschen durch die Gegend tragen. Wenn sie ein zusätzliches Gewicht auf den Rücken nehmen müssen, dann geht es ihnen ähnlich wie einem Menschen, der einen schweren Rucksack oder Schulranzen tragen muss. Wenn du mit einem solch schweren Gegenstand auf dem Rücken so aufrecht und gerade gehst wie normalerweise, ohne diese Last, dann wird das schnell sehr anstrengend. Denn es zieht dich immer ein bisschen nach hinten und du brauchst viel Kraft, um die Balance nicht zu verlieren.

Was tun wir Menschen in diesem Falle? Wir beugen uns ein klein wenig nach vorne und machen den Rücken ein bisschen rund. Auch der Kopf geht leicht nach unten, sonst tut uns bald das Genick weh, weil wir uns hier verspannen. Diese Körperhaltung bewirkt, dass das schwere Gewicht auf unserem Rücken etwas mehr über die Körperteile verlagert wird, wo wir am meisten Antriebskraft haben. Und das sind die Oberschenkel und die Po-Muskulatur. Sie sind sozusagen unser Motor beim Gehen. Und wenn das gemeinsame Gewicht unseres Oberkörpers und des schweren Rucksacks genau über diesem Motor in der Balance ist, können wir eine Last am besten tragen. Auch beim Fahrradfahren, wenn wir richtig in die Pedale treten wollen oder einen Berg hinauf müssen, ziehen wir den Bauch etwas ein, wölben den Rücken etwas nach hinten und heben den Kopf nicht zu sehr an. So bekommen wir die beste Kraft in die Beine, die nach vorne und nach unten treten müssen.

Vorwärts-abwärts

Ganz ähnlich ist es beim Pferd. Wenn ein Pferd ohne Reiter in Bewegung ist, dann biegt sich sein Rücken leicht nach unten durch. Es kann sich auch mit erhobenem Kopf in seiner natürlichen Balance bewegen. In dieser Haltung einen Menschen zu tragen ist aber auch für ein Pferd recht anstrengend. Es belastet seinen Rücken und seine Vorderbeine und kann auf Dauer sogar die Gelenke schädigen. Auch das Pferd trägt am besten ein Gewicht, wenn es den Rücken leicht nach oben wölbt und den Kopf nach vorne und eher etwas nach unten streckt. Auch ein Pferd hat seinen »Haupt-Motor« in den Hinterbacken und den Hinterbeinen. Schau dir nur ein Pferd mal genau an, und du siehst, wo seine stärksten Muskeln sind. Wenn von hier die Kraft kommen soll, die uns trägt, dann muss das Pferd mit seinen Hinterbeinen etwas weiter nach vorne treten. Am besten so weit, dass die hinteren Hufe genau in die Hufabdrücke der Vorderbeine treten oder sogar noch etwas weiter nach vorne. Es ist so ähnlich, wie wenn wir beim Radfahren unsere ganze Kraft nach vorne unten in die Pedale geben. Die Hinterbeine treten also etwas mehr VORWÄRTS. Der Rücken wölbt sich, fast so, als wollte das Pferd abäpfeln. Der vordere Teil und der Hals des Pferdes neigen sich leicht ABWÄRTS. Diese Haltung ist es, die der Westernreiter vorwärts-abwärts nennt.

Durch Schenkel- und Zügelhilfe erreichen wir, dass das Pferd den Rücken etwas nach oben wölbt und den Kopf entspannt nach vorne senkt. So aktivieren wir die Hinterhand des Pferdes.

Motor und Bremse

Ein Pferd, das einen Reiter trägt, geht jedoch von sich aus nur sehr selten in dieser Haltung. Man muss es ihm beibringen. Wie können wir diese Vorwärts-abwärts-Haltung erreichen? Stelle dir einmal ein Auto aus elastischem Kunststoff vor. Es steht mit der vorderen Stoßstange direkt an einer Wand. Sein Motor ist hinten und treibt die hinteren Räder an. Wenn nun ein Fahrer vorsichtig Gas gibt, dann wird der Motor das Hinterteil des Autos leicht nach vorne schieben. Dort kann es jedoch nicht weg, weil es durch die Wand gebremst wird. Ein elastisches Auto kann sich jedoch leicht nach oben wölben. Und genauso reagiert ein Pferd, wenn wir es zugleich antreiben und bremsen!

Hilfe! Wo hat mein Pferd bloß den Kopf? Wie soll man da entspannt reiten?

Nehmen wir mal an, die Wand vor dem Auto wäre aus Glas (damit der Fahrer etwas sieht). Und nehmen wir auch an, die Wand wäre beweglich und auf Rädern. Nun stellen wir uns noch vor, der Fahrer hätte in dem Auto zusätzlich einen Hebel, mit dem er die Wand ein bisschen näher heranziehen und damit das Auto etwas abbremsen kann. Ein geschickter Autofahrer könnte es dann schaffen, mit einem hochgewölbten Kunststoffauto durch die Gegend zu fahren, indem er Gas gibt und die hinteren Räder antreibt und gleichzeitig vorne mit der Wand etwas bremst. Ganz genauso machen wir es mit dem Pferd. Wir treiben mit den Unterschenkeln das Pferd an, so dass sein »Motor« in den Hinterbacken und Hinterbeinen in Schwung kommt. Zugleich bremsen wir das Pferd aber mit den Zügeln, indem wir die Hände etwas zurücknehmen und Zug am Pferdemaul aufbauen. Die treibende und die bremsende Hilfe müssen sich in etwa die Waage halten, also gleich stark (oder schwach) sein. Das Pferd wird dadurch praktisch etwas zusammengeschoben und wölbt seinen Rücken leicht nach oben.

Loslassen!

Ein Pferd ist aber kein Auto! Ein Pferd kann nicht sehr lange in der Spannung gehalten werden, wie unser gedachtes Kunststoffauto, das sich nach oben wölbt. Mit unseren Hilfen – Treiben und Bremsen zugleich – setzen wir das Pferd stark unter Druck und es spannt sich an. Wenn dieser Druck zu lange anhält, dann wehrt sich das Pferd irgendwann gegen unsere Hilfen und reißt zum Beispiel den Kopf hoch. Wir müssen das Pferd darum unbedingt immer wieder loslassen. Wir müssen ihm die Möglichkeit geben, sich zu entspannen. Das ist ganz wichtig!

Das Gute ist nun, dass ein Pferd – im Gegensatz zu dem Auto – lernen kann, auch ohne Druck und Zug und ohne Hilfen vorwärts-abwärts zu laufen. Wenn seine Muskulatur für diese Haltung gut trainiert ist, dann kann es sogar ganz entspannt vorwärts-abwärts gehen. So, wie wir, wenn wir erst mal das Fahrradfahren gelernt haben und unsere Beinmuskulatur gut trainiert ist, auch über lange Strecken entspannt radeln können. Gut ausgebildete Pferde gehen mühelos in dieser Vorwärts-abwärts-Haltung, ohne dass der Reiter dafür viel tun muss. Ja, diese Haltung ist sogar weniger anstrengend für das Pferd, als der durchgedrückte Rücken und der hochgehaltene Kopf, weil das Pferd ja unser Gewicht mehr auf der Hinterhand trägt, wo seine stärksten Antriebskräfte liegen.

Du solltest am Anfang ein Pferd reiten, das so ausgebildet wurde. Denn du wirst sehr schnell ein Gespür dafür bekommen, wie es sich anfühlt, wenn ein Pferd in der Vorwärts-abwärts-Haltung geht. Du wirst auch merken, dass bei einem solchen Pferd schon ganz, ganz wenig Schenkeldruck und Zügelzug ausreichen, damit es in diese Haltung geht. Solltest du ein Pferd haben, das diese Haltung nicht beigebracht bekommen hat, dann ist es für dich als Anfänger nicht einfach, dem Pferd und dir selbst diese Reittechnik beizubringen. Man braucht viel Erfahrung und Fingerspitzengefühl, um einem Pferd diese Haltung anzutrainieren. Man muss genau wissen, wie viel Spannung man mit Zügelbremse und treibendem Schenkeldruck aufbauen muss und wann man loslassen und den Druck wieder wegnehmen muss. Wenn du das selbst probieren möchtest, dann solltest du unbedingt die Unterstützung durch einen erfahrenen Westernreiter haben. Sonst kann es sein, dass dein Pferd völlig nervös wird und durcheinan-

Beobachte genau, wie sich der Kopf des Pferdes auf den drei Bildern nach unten senkt. Das erreichst du, indem du mit den Schenkeln treibst und gleichzeitig das Pferd mit den Zügeln etwas bremst.

Auch bei einem Ausritt kann man ab und zu das Vorwärts-abwärts-Reiten üben. Aber denk dran: Unbedingt die Hilfengebung beenden und loslassen, wenn das Pferd in der richtigen Haltung geht!

der kommt, weil du das richtige Maß zwischen Spannung und Loslassen noch gar nicht kennen kannst.

Sicherheit für den Reiter

Die Vorwärts-abwärts-Haltung ist nicht nur deshalb so wichtig, weil sie die Gesundheit des Pferdes schont. Sie hat auch drei ganz entscheidende Vorteile für den Reiter. Erstens: Wenn das Pferd den Kopf entspannt nach vorne unten hält, kann die Zügelhilfe wirksamer und schonender eingesetzt werden. Wenn es dagegen mit hocherhobenem Kopf umhergeht, kann es durch die Bewegungen seines Halses den Zügelzug unwirksam machen. Das Ergebnis: Wir müssen viel mehr ziehen, um etwas zu erreichen. Bleibt der Kopf dagegen unten, reichen kleine und feine Zügelhilfen – was ja auch für das Pferd besser ist. Das Zweite ist, dass das Pferd in dieser Vorwärts-abwärts-Haltung besser auf den Reiter achtet. Ich habe ja schon einmal gesagt: Ein Pferd, das mit hocherhobenem Haupt in der Weltgeschichte herumschaut, achtet auf alles Mögliche, nur nicht auf den Reiter. Und drittens sitzt man auf einem Pferd in dieser Haltung wesentlich bequemer. Man wird nicht so sehr auf und ab geworfen. Man kann sich viel besser den Bewegungen des Pferdekörpers anpassen.

Das alles führt dazu, dass wir das Pferd wesentlich besser unter Kontrolle haben. Die Hilfen, die wir geben, kommen besser an und können deswegen immer feiner werden. Der Reiter hat damit viel

Auch gute Westernreiter können noch viel lernen

Wenn du die bisher beschriebenen Reitaufgaben und Übungen beherrschst, bist du – wie ich schon gesagt habe – wirklich schon ein guter Westernreiter. Aber am Ende deiner Reitkünste bist du damit noch lange nicht. Es gibt noch eine ganze Reihe von Reitaufgaben, Manövern und Übungen, mit denen du deine Hilfengebung und dein Gespür für das Pferd verbessern kannst. Je besser du reitest, um so mehr wirst du auch zum Lehrer deines Pferdes. Vor allem dann, wenn du ein Pferd reitest, das nur die Grundlagen des Westernreitens beigebracht bekommen hat, musst du nun nicht nur dich selbst, sondern auch das Pferd trainieren.
Ich möchte dir dafür besonders zwei Übungen ans Herz legen, die Hüftgymnastik und die Schultergymnastik. Sie sind nicht ganz einfach, helfen dir aber die Bewegungen von Pferden besser zu verstehen. Sie sind außerdem für Pferde ganz tolle Übungen, weil sie dadurch wendiger und geschickter werden. Ihre Muskeln werden trainiert und die Aufmerksamkeit für die Hilfengebung wird größer. Ganz einfach gesagt, will ich das Pferd bei der Hüftgymnastik dazu bringen, das innere Hinterbein vor dem äußeren Hinterbein zu kreuzen. Bei der Schultergymnastik soll das äußere Vorderbein vor dem inneren Vorderbein kreuzen.
Wenn du einen Trainer hast, der diese Übungen beherrscht, lass dir von ihm zeigen, wie es geht.
Und nun bist du auch an den Punkt gekommen, wo dieses Buch dir nicht mehr weiterhilft. Du bist nun aber so weit, dass du ruhig mal zu meinem Buch »Westernreiten – aber bitte klassisch« greifen kannst. Dort wirst du viele Übungen und Aufgaben finden, wenn du jetzt neue Herausforderungen suchst.

mehr Sicherheit. Wenn du es heraushast, wie du dein Pferd nach vorne-abwärts reiten kannst, dann tust du dich auch bei den Aktionen und Manövern, die ich bisher beschrieben habe, viel leichter. Schon das Anreiten aus dieser Haltung ist harmonisch und ohne jede Hektik. Die Tempokontrolle klappt so wesentlich besser. Und auch vor dem Antraben und Angaloppieren solltest du dein Pferd unbedingt in dieser Haltung reiten. Die Übergänge werden damit einfacher, sicherer und leichter zu sitzen. Und wenn du einen ruhigen Sitz hast, dann bleibt auch dein Pferd entspannt und ruhig.

Die Champions

Nun hast du das Rüstzeug, um eine gute Westernreiterin, ein guter Westernreiter zu werden. Aber vielleicht genügt dir das gar nicht. Ganz sicher möchtest du auch einmal ausreiten, hinaus in den Sonnenschein, entlang an einem kleinen Bach, durch den Wald, über Wiesen und Felder. Oder du hast noch Größeres vor. Wer erst einmal sicher im Sattel sitzt, den reizt es vielleicht, auch mal an einem Turnier teilzunehmen. In diesem letzten Kapitel geht es nun darum, wie du auch höher gesteckte Ziele erreichen kannst.

Trainieren – aber wie?

Wer im Pferdesport etwas erreichen will, muss regelmäßig und ausdauernd trainieren. Auch das ABC des Westernreitens erlernst du nur, wenn du am Ball bleibst. Eine Stunde Training wöchentlich sollte es schon sein. Dabei empfehle ich dir, von Anfang an bestimmte Regeln einzuhalten, wie du das Training aufbaust. Es sind keine willkürlichen Regeln, sondern kommen aus der Erfahrung und Beobachtung, was wir von unseren Pferden erwarten können und wie sie gerne und gefahrlos mit uns arbeiten.

Der Aufbau einer Trainingstunde

- Es beginnt damit, dass wir darauf achten, ob unser vierbeiniger Partner vor der Reitstunde genügend Auslauf hatte. Wenn ein Pferd tagelang in der Box stehen musste, dann hat es – erst recht wenn es noch relativ jung ist – jede Menge überschüssige Energie. Die muss erst mal raus, und zwar ohne Reiter auf dem Rücken. Lass dein Pferd in diesem Fall zuerst einmal an der Longe laufen. Zu Beginn lässt du es im Schritt gehen. Denn es muss sich, vor allem, wenn es lange in der Box gestanden ist, erst mal aufwärmen. Wie bei uns Menschen auch, müssen die Muskeln in Fahrt kommen und die Gelenke geschmeidig werden – sonst gibt es Zerrungen und Verletzungen. Man muss darum das Tempo langsam steigern. Nach etwa zehn Minuten darf dein Pferd eine Weile traben. Dann lass es sein Tempo selbst bestimmen. Es darf dabei ruhig ein paar wilde Hopser machen. Man sieht es den Pferden richtig an, wie sie diese Bewegungsfreiheit genießen. Sie werden es dir danken, indem sie in der Reitstunde dann ruhig und konzentriert mitarbeiten.

Bevor das Training richtig losgeht wärmst du dein Pferd erst mal im gemütlichen Schritt auf. So werden seine Muskeln und Gelenke geschmeidig.

Zwischendurch immer wieder mal eine Pause machen, vor allem nach anstrengenden Übungen und als Belohnung für dein Pferd.

- Vor dem Aufsteigen das Nachgurten nicht vergessen!
- Wenn du dann im Sattel sitzt, kommt zuerst die Aufwärmphase. Mit ihr sollte jede Reit- und Trainingsstunde beginnen. Hatte dein Pferd zuvor viel Auslauf, zum Beispiel, weil es den ganzen Tag auf der Koppel war, kann man diese Phase etwas kürzer halten. Fünf bis zehn Minuten sollten es sein. Kommt das Pferd aber direkt aus der Box, dann braucht es mehr Zeit, um sich aufzuwärmen. Zehn bin fünfzehn Minuten sollten es schon sein. Du gehst deshalb zunächst mit langem Zügel einfach gut vorwärts im Schritt. Dann kommt ein gemütlicher Trab und ein langsamer Galopp. Auch hierfür etwa zehn Minuten Zeit einplanen.
- Dann können die ersten Übungen folgen. Je nach dem, wie gut du schon reitest, kannst du dir die Übungen zusammenstellen. Ich habe dir ja bei den einzelnen Reitaufgaben schon einiges vorgeschlagen. Weitere Übungen findest du auf den folgen Seiten 145 bis 153. Schon sehr bald solltest du immer auch Reitaufgaben einbauen, bei denen Wendungen um Pylonen gemacht werden müssen. Wenn du Übungen machst, die von dir und deinem Pferd sehr viel Konzentration verlangen, dann übertreibe es nicht. Ich meine hier zum Beispiel das Schenkelweichen oder Rückwärtstreten. Achte darauf, dass dein Pferd locker bleibt. Du erkennst es daran, dass es abschnaubt und seinen Hals vorwärts-abwärts dehnt. Sorge auch für Abwechslung. Mache die Übungen nicht immer genau gleich, sondern lass dir mal was Neues einfallen. Man muss Pylonen nicht immer nur im Viereck stellen. Übe in einer Reitstunde nicht ausschließlich eine Sache, sondern mehrere, solche, die du schon gut beherrschst und solche, die noch nicht so gut klappen.
- Ganz wichtig ist es, dass du nach einem gelungenen Übungsblock Pausen einlegst und das Pferd etwas stehen lässt. Pausen sind für die Tiere eine Belohnung und ein Lob! Wichtig ist auch hier, dass das Pferd sich entspannt und abschnaubt. Auch wenn mal etwas gar nicht klappt – bevor du richtig sauer wirst und dich verspannst, lass die Übung erst mal sein. Mache stattdessen eine einfache Übung, die für dich und dein Pferd kein Problem darstellt. Und nun folgt eine Pause als Belohnung, in der ihr euch beide beruhigen könnt. Wenn du es dir zutraust, kannst du die

Zum Abschluss der Reitstunde machst du unbedingt eine Übung, die ihr – du und dein Pferd – gut beherrscht. Zum Beispiel ruhig um Pylonen reiten.

schwierigere Übung dann noch mal versuchen. Sonst verschiebst du sie auf die nächste Stunde.

- Achte darauf, dass dein Pferd sich während der Reitstunde auf dich konzentriert. Du erkennst es daran, dass mindestens eine Ohrmuschel zum Reiter hingewendet ist. Aber bedenke auch: Pferde können sich nicht ewig konzentrieren. Es geht ihnen wie Kindern in der Grundschule, die plötzlich nicht mehr bei der Sache sind. Du merkst es daran, dass zunächst das Training ganz gut läuft, das Pferd mit der Zeit aber immer zögerlicher oder sogar unwillig wird. Erzwinge dann nichts, sondern denke ans Schlussmachen.
- Häufig wird – auch von Erwachsenen – ein Fehler gemacht, den du vermeiden solltest: Die Übungen klappen wunderbar, man ist gerade richtig schön in Fahrt. Am Liebsten würde man noch dieses und jenes und noch etwas Schwierigeres ausprobieren. Doch damit überfordert man die Pferde. Sie haben das Gefühl, als könnten sie es dir gar nicht recht machen. So etwa, als ob du dreißig Englisch-Vokabeln perfekt gelernt und aufgesagt hättest, und der Lehrer meint, weil's so gut läuft, könntest du noch zwanzig Vokabeln zusätzlich pauken. Auch Pferde verlieren dann die Lust. Übertreibe es also nicht. Sonst hast du trotz einer tollen Reitstunde noch ein ärgerliches Ende mit schlechtem Nachgeschmack.
- Jede Trainingseinheit muss unbedingt mit einem positiven Erlebnis abgeschlossen werden. Das ist wichtig für Reiter und Pferd. Mache zum Schluss also immer eine Übung, von der du weißt, dass sie dir und deinem Pferd Spaß macht.
- Am Ende der Reitstunde lässt du dein Pferd noch mal ruhig und gemütlich, ohne große Einwirkung durch Hilfengebung, im Schritt gehen. Es kann sich nun beruhigen und abkühlen. Vor allem, wenn du viel galoppiert bist, braucht es dafür genügend Zeit. Fünf Minuten sollten es schon sein..

Rücksicht in der Reitbahn

Achte darauf, dass ihr genügend Abstand haltet. Und gib den Hufschlag frei für andere Reiter, wenn du nicht richtig trainierst, sondern es eher gemütlich zugehen lässt.

Wenn in einer Halle oder auf einem Reitplatz mehrere Reiter trainieren, dann muss man – wie im sonstigen Leben auch – Rücksicht aufeinander nehmen. Mit Pferden geht es zwar nicht ganz so schnell zu wie im Straßenverkehr, aber doch um einiges rasanter als bei Fußgängern. Ein Pferd weicht nicht automatisch anderen Pferden aus, vor allem, wenn es gelernt hat, auf den Reiter zu hören. Du kannst dir leicht vorstellen, was passieren kann, wenn Pferde aufeinander laufen, oder wenn du so eng an einem anderen Reiter vorbeireitest, dass dein Fuß im Steigbügel des Andern hängen bleibt. Reiter haben sich deshalb Regeln geschaffen, um solche Unfälle zu vermeiden. Hier die wichtigsten:

- Bevor du dein Pferd auf den Reitplatz führst, rufst du am Eingang »Tür frei!«. Das bedeutet: »Könntet ihr bitte mal kurz nicht am Eingang vorbeireiten, sodass ich auf den Platz gehen kann, ohne dass ihr mich über den Haufen rennt?«. Du wartest dann die Antwort der anderen ab, die lauten sollte: »Tür ist frei!« Erst dann kannst du sicher sein, dass die anderen dich gehört haben und sich entsprechend verhalten.
- Zum Aufsteigen geht man natürlich möglichst dorthin, wo die anderen nicht reiten. Also weg von der Bande oder Platzbegrenzung. Am besten etwas rechts oder links der Hallenmitte (genau in der Mitte reiten diejenigen, die exakte Zirkel reiten möchten, zum Beispiel um auf ein Reining-Turnier zu trainieren).
- Dann heißt es »Vorfahrt beachten!«. Und hier wird es schwierig, wenn Reiter mit unterschiedlichen Reitweisen gemeinsam trainieren. Denn bei Klassischreitern und Westernreitern gelten zum Teil unterschiedliche Regeln. Einigt euch dann am besten auf die Klassisch-Regeln, denn die sind genauer festgelegt und bei den meisten bekannt. Um die »Vorfahrt« zu re-

Die Bahnen des Reitplatzes.

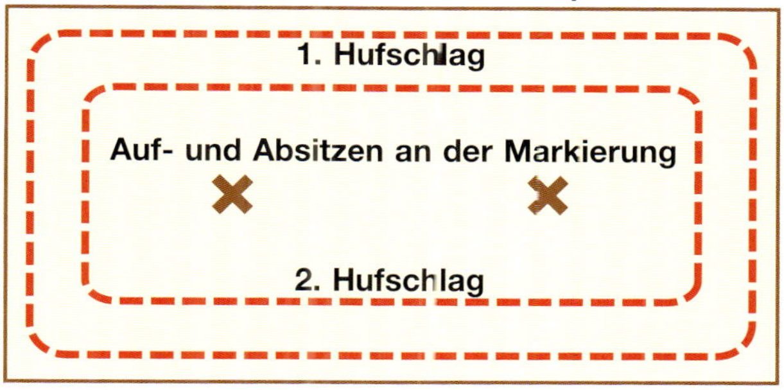

Lasst euch die Reitaufgaben und die Hilfengebung genau erklären, bevor ihr die Übungen ausführt.

geln, stellen sich Reiter vor, dass entlang der Bande eine zweispurige Bahn geht. Da Reiter offensichtlich für alles einen Begriff erfunden haben, den andere Menschen nicht verstehen, nennt man die erste Bahn direkt entlang der Bande den »äußeren Hufschlag« oder »ersten Hufschlag«. Die zweite Bahn ist entsprechend der »innere« oder »zweite Hufschlag«. Wenn es ganz eng wird, gibt es auch noch einen »dritten Hufschlag« noch weiter innen – die Reitbahn wird also dreispurig.

- Wenn alle in die gleiche Richtung reiten, lauten die Klassisch-

Augen auf

Alle Regeln der Welt können aber nicht die Aufmerksamkeit und Rücksichtnahme der Reiter ersetzen. Achte darauf, dass du dich nicht nur auf dich selbst und dein Pferd konzentrierst. Mit »einem Auge« solltest du immer auch im Blick haben, was sonst noch so auf dem Reitplatz passiert – auch wenn dir das als Anfänger wahrscheinlich noch schwer fällt.

Regeln so: Reiter, die Schritt reiten, gehen auf den inneren Hufschlag. Im Trab oder Galopp bleibt man auf dem äußeren Hufschlag. Will ein Galoppierender einen Trabenden überholen, so reitet er innen auf dem zweiten Hufschlag an ihm vorbei.

- Bei den Westernreitern ist es leider gerade andersherum. Dort reiten die Langsamen außen und die Schnellen, vor allem die Galoppierer, nehmen die innere Bahn.
- Bei Gegenverkehr gelten die Regeln der klassischen Reiter: Wer links herum reitet, hat Vortritt, ganz gleich, in welcher Gangart er ist. Wer rechts herum reitet, muss ausweichen.
- Zum Schluss, wenn du dein Training beendet hast, steigst du natürlich auch dort ab, wo du am wenigsten die andern Reiter störst. Und bevor der Platz verlassen wird, meldest du den anderen wieder mit »Tür frei!«, dass du nun zum Ausgang gehen möchtest.

Wie das Training aussehen kann

Hier möchte ich dir nun ein paar Übungsvorschläge für Übungen machen. Du kannst dir daraus ohne Weiteres selbst ein Trainingsprogramm zusammenstellen.

Übungen für Zügel- und Schenkelhilfen

Ein paar Übungen für den Richtungswechsel habe ich auf Seite 102 schon genannt.

Hier nun weitere Übungen, die dir helfen, dein Pferd in die gewünschte Richtung zu reiten. Oder aber es gerade gehen zu lassen. Sie helfen dir, deine Zügel- und Schenkelhilfen immer mehr zu verfeinern.

Stelle auf dem Reitplatz 6 Pylonen auf, und zwar so, wie es auf der Skizze auf Seite 146 eingezeichnet ist. Nun reitest du ein Oval um die Pylonen 5 und 6. Dein Ziel soll es sein, schöne Bögen um die Pylonen und eine möglichst gerade Linie auf dem Weg von Pylone 5 zu 6 und wieder zurück zu reiten. Die Hilfen, die du dafür brauchst, sind auf den Seiten 99 bis 101 genau beschrieben. Ich möchte hier aber noch einmal darauf eingehen, worauf es besonders ankommt.

Beginnen wir einmal links herum. Es geht jetzt in einem linken Bogen um die Pylone. Setze dich auf deine linke Po-Backe und schiebe sie ein ganz klein wenig nach vorne. Der linke Fuß drückt ein wenig in den Steigbügel. Auf der linken Seite des Pferdes lastet also etwas mehr von deinem Gewicht. Ein Pferd versucht nun

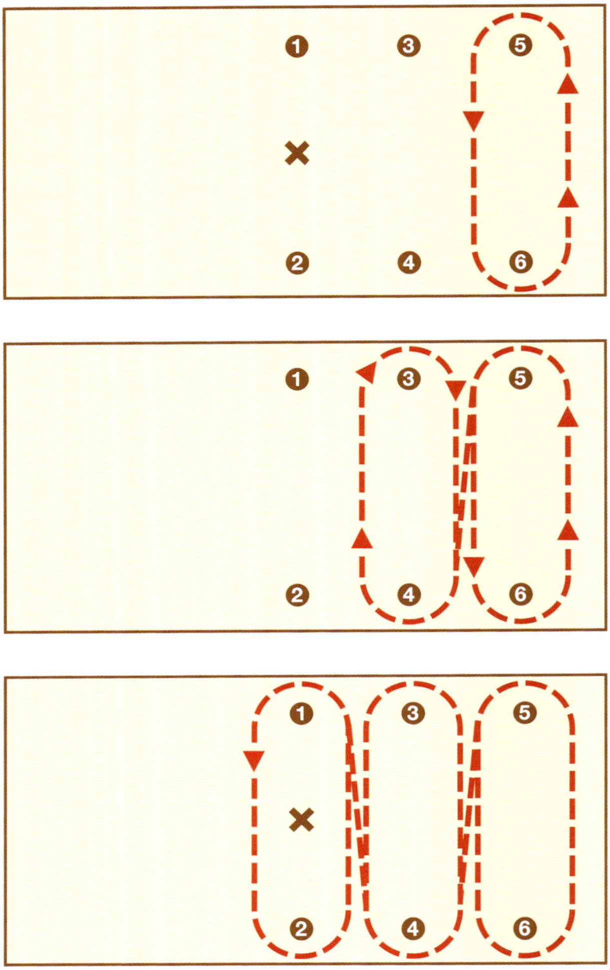

Zügel- und Schenkelhilfen

immer dieses Ungleichgewicht auf seinem Rücken auszugleichen und in Balance zu kommen. Es geht deshalb etwas mehr nach links, sozusagen, um dich wieder in die Mitte seines Rückens zu bekommen. Den rechten Unterschenkel legst du an den Pferdekörper und gibst, wenn notwendig, ein wenig Druck, sodass auch hier das Pferd den Impuls bekommt, nach links zu gehen. Den rechten und linken Zügel hältst du auf gleicher Höhe, beide aber nach links versetzt. Dann spürt dein Pferd links einen leichten Zug nach innen. Es bewegt den Kopf also leicht in die Richtung, in die es gehen soll, also nach links. Den rechten Zügel spürt das Pferd am Hals. Das ist für das Pferd eine Art Widerstand oder Begrenzung, von dem es sich wegbewegen will.

Willst du rechts herum um eine Pylone reiten, so machst du alle Bewegungen spiegelverkehrt. Das Gewicht von Po und Fuß wird nach rechts verlagert. Der linke Unterschenkel liegt am Pferd und drückt ganz leicht nach rechts. Die Zügel gehen auf gleicher Höhe leicht nach rechts.

Beim Gerade-Reiten von Pylone 5 zu 6 und wieder zurück gibt es Folgendes zu beachten: Dein Pferd, das sich in der Wendung leicht nach links (oder rechts) gebogen hat, muss seinen Körper nun wieder gerade ausrichten. Du setzt dich also gleichmäßig und möglichst aufrecht auf beide Po-Backen. Deine Unterschenkel bleiben beidseitig am Pferd. Vielleicht musst du mit beiden Schenkeln gleichmäßig treiben, damit das Pferd zügig vorangeht. Es richtet sich dann leichter und schneller gerade aus. Deine Zügel hältst du so, dass das Pferd genau dazwischen geht, als ob du, wie bei einer Kutsche, links und rechts zwei Deichseln hättest. Vielleicht hat dein Pferd etwas Probleme mit dem Geradegehen und macht eher eine Schlangenlinie. Dann halte die Zügel etwas weiter auseinander, sodass sie nicht den Pferdehals berühren. Denn das Pferd will ja immer weg von diesem leichten Widerstand, den es dadurch spürt.

Wenn du es nun schaffst, ein schönes gleichmäßiges Oval um die Pylonen 5 und 6 zu reiten, dann kannst du, wenn du wieder bei 5 angekommen bist, nun gerade zur Pylone 4 reiten (siehe Zeichnung). Von dort reitest du in einem Rechtsbogen ein Oval um Pylone 3. Wieder geht es im Oval von 3 zu 4, bis Bögen und Geraden schön geritten werden. Dann geht es weiter zu Pylonen 1 und 2. Achte darauf, dass du immer den Kopf wendest und in die Richtung blickst, in die du reiten möchtest. Dein Pferd spürt das. Es hat damit auch eine bessere Orientierung.

Wenn die Übung im Schritt gut klappt, kann sie im Trab wiederholt werden.

Übungen für das Reiten von Wendungen

Ein paar Übungen für das Reiten von Wendungen habe ich auf Seite 102 schon genannt. Hier noch ein Spiel, das du mit dem Trainer oder Freunden machen kannst. Stelle die Pylonen auf dem Reitplatz gut verteilt auf. Die Anordnung kann wie auf der Zeichnung nebenan aussehen, oder du denkst dir selbst etwas aus. Dann reitest du kleine Wendungen um die Pylonen.

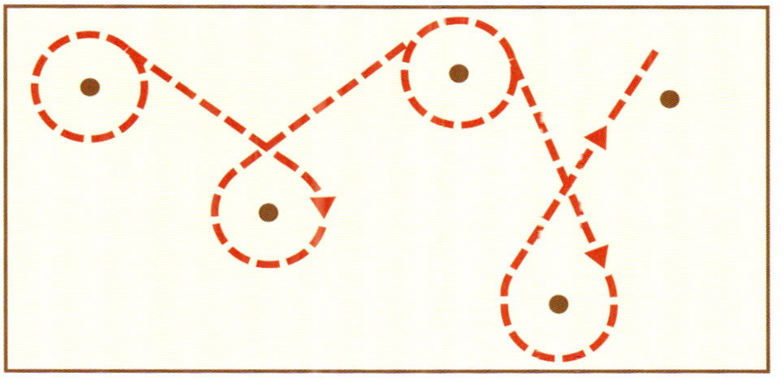

Wendungen

Wenn das gut klappt, kennzeichnest du die Pylonen mit Nummern. Nun ruft dir ein Helfer – der Trainer oder eine Freundin, ein Freund – eine Nummer zu, beispielsweise die Eins. Du reitest zu Pylone Nummer eins. Die nächste Nummer wird gerufen, sagen wir mal drei. Du reitest zur Drei. Und so geht es weiter.

Diese Übung wird natürlich erst mal im Schritt geübt. Wenn du dann schon besser reitest, machst du diese Übung in einer späteren Reitstunde auch im Trab und schließlich im Galopp. Beim Galoppieren musst du die Pylonen etwas weiter auseinander stellen.

Übung für das Gerade-Reiten

Es ist manchmal gar nicht so einfach, wie man denkt, auf einer geraden Linie über den Reitplatz zu reiten. Pferde neigen dazu, nach links oder rechts abzudriften oder etwas durch die Reitbahn zu eiern. Um eine gute Kontrolle über das Pferd zu bekommen, ist es darum sehr nützlich, auch das Gerade-Reiten zu üben.

Schaue dir die Zeichnung an. Lege Stangen wie eingezeichnet

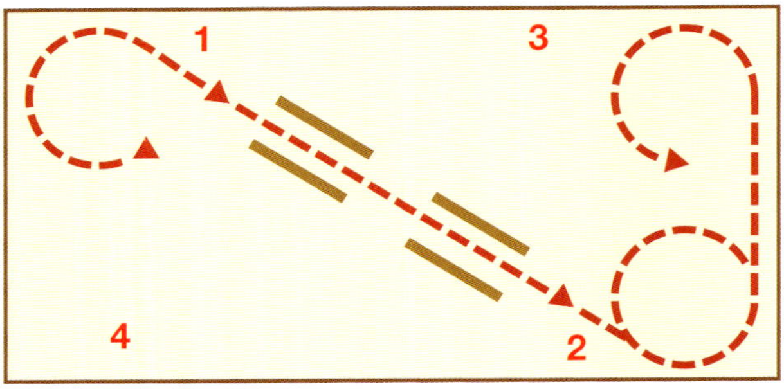

Gerade-Reiten

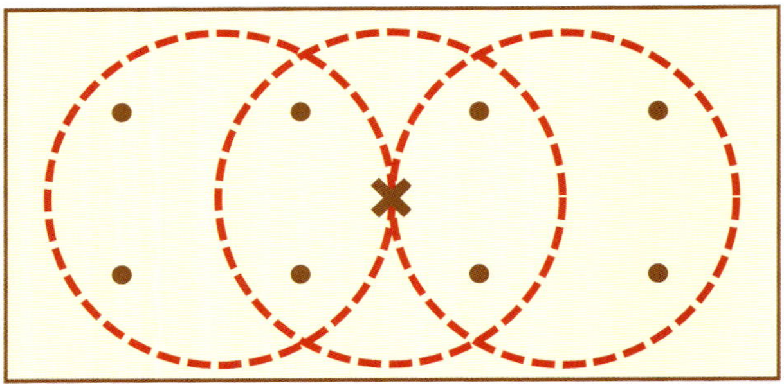
Galopp-Übung

Galopp-Übung

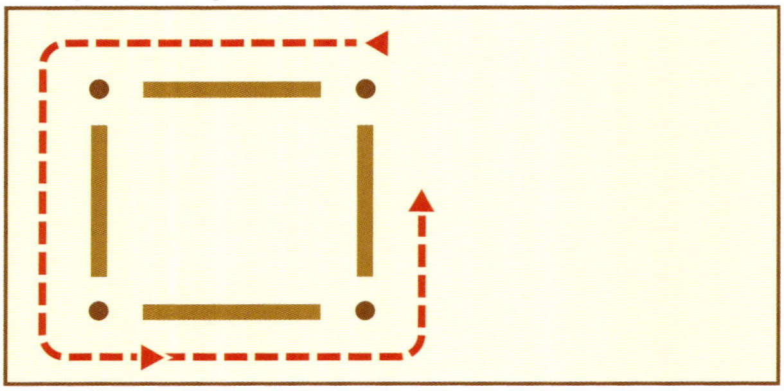
Trab- Galopp-Übung

auf den Reitplatz. Der Abstand zwischen den beiden Stangen-Paaren sollte etwa 1 Meter sein. An die Punkte, die ich mit 1 bis 4 gekennzeichnet habe, machst du dir Zettel, auf denen groß die Zahlen stehen. Dann reitest du rechts herum zu Punkt 1. Dort reitest du einen kleinen Kreis, eine so genannte Volte. Nun geht es von 1 nach 2, also über Kreuz durch die Reitbahn, zwischen den Stangen hindurch. Du hast nun also eine ganz schön lange Strecke, auf der du dein Pferd gerade halten musst. An Punkt zwei kommt wieder eine Volte, also ein kleiner Kreis. Nun geht es an der Bande entlang zu Punkt 3. Wieder eine Volte, und dann quer durch die Reitbahn zu Punkt 4. Achte darauf, dass die Stangen so liegen, dass das Pferd nicht über sie treten muss, sondern dazwischen hindurchgehen kann. Bei dieser zweiten Diagonale hast du und dein Pferd nun keine Stangen mehr, an denen man entlang reiten kann. Das Gerade-Reiten ist hier also etwas schwieriger.

Übungen im Galopp

Im Galopp übst du zunächst große Zirkel, also große runde Kreise, zum Beispiel wie auf der Zeichnung angegeben. Dann legst du dir Stangen hin und stellst Pylonen auf, wie auf der zweiten Zeichnung angegeben. Du galoppierst ganze Bahn. Es kommt hier darauf an, dass du auch im Galopp wirklich gerade reiten kannst. Und außerdem musst du in den Ecken im Galopp auch einen klaren Richtungswechsel hinbekommen. Natürlich immer linksherum und rechtsherum üben.

Wer es etwas schwieriger mag, kann das auch in einem Quadrat üben (siehe Zeichnung). Das solltest du aber zuerst einmal im Trab ausprobieren und nur, wenn das gut geht, in den Galopp übergehen.

Übungen fürs Anhalten

Lies noch mal auf Seite 104 nach, wie die Hilfengebung für das Anhalten aussieht. Nun legst du dir ein »Gleis« wie auf den Zeichnungen. Entweder eine Stange im Abstand von etwa 2 Metern von der Bande oder Reitplatzbegrenzung entfernt. Oder zwei Stangen, ebenfalls mit einem Abstand von 2 Metern. Die Stoppstelle ist direkt vor der Bande oder dem Reitplatzende. Du reitest also in das Gleis hinein und hältst dein Pferd kurz vor dem Ende der Reitbahn an, was dir hier sicher noch nicht schwer fallen wird, weil dein Pferd ja praktisch anhalten muss.

Wenn das gut funktioniert, kannst du die Stoppstelle in die Mitte der Reitbahn verlegen, wie auf der unteren Zeichnung. Reite immer auf einer geraden Linie zu dem Punkt, an dem du halten möchtest. Pylonen können dir dabei helfen. Ein Pferd kann auf einer geraden Linie viel besser halten als auf einer gebogenen.

Übung fürs Anhalten

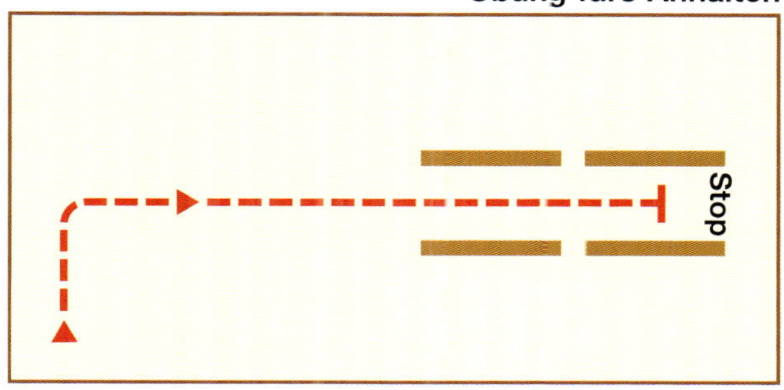

Übung fürs Anhalten

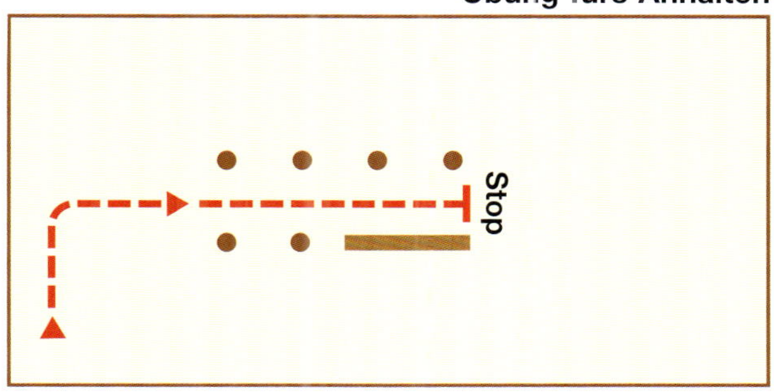

Übung fürs Anhalten

Das Anhalten übst du zunächst nur aus dem Schritt. Wenn du schon etwas besser reitest, kannst du es auch aus dem Trab probieren. Das Anhalten aus dem Galopp ist nur etwas für Fortgeschrittene.

Übung fürs Rückwärtsrichten, die Vorhand- und Hinterhandwendung.

Du machst die Übungen für das Anhalten in der Hallenmitte, wie oben beschrieben. Das heißt, du reitest an einer Stange entlang und hältst an ihrem Ende. Dann lässt du dein Pferd rückwärts treten bis zum andern Ende der Stange. (Lies nach auf Seite 124, wie es geht.) Hier machst du noch zwei bis drei Vorhandwendungen und zwei bis drei Hinterhandwendungen. Die Hilfen dafür findest du auf den Seiten 125 bis 128. Dann hat dein Pferd vielleicht eine kleine Pause verdient.

Übungen für die Tempokontrolle

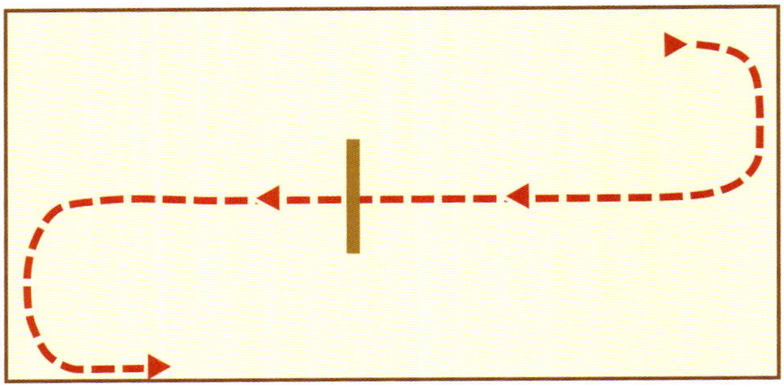

Tempokontrolle

Reite im Schritt über eine Stange, die – wie auf der Zeichnung – quer in der Mitte des Reitplatzes liegt. Deine Aufgabe ist es nun, dass das Pferd mit dem rechten Vorderbein zuerst über die Stange tritt. Du wirst feststellen, dass das die ersten paar Male gar nicht so einfach ist.

Es ist völlig okay, wenn es nicht sofort klappt. Wenn dein Pferd immer wieder zuerst mit dem linken Fuß über die Stange geht, dann musst du dafür sorgen, dass es zunächst vor der Stange sein Tempo verringert und etwas langsamer wird. (Die Hilfen dazu findest du auf Seite 106.)

So müsste es eigentlich möglich sein, dass nun wirklich der rechte Fuß zuerst über die Stange tritt. Wenn das nun mit dem rechten Fuß gut geht, ist natürlich die andere Seite dran und du lässt dein Pferd zuerst mit dem linken Fuß über die Stange treten.

Ganz wichtig bei dieser Übung ist, dass du immer und jedes Mal über die Stange reitest, auch wenn es der »falsche« Fuß ist. Also nicht vor der Stange halten! Denn sonst besteht die Gefahr, dass dein Pferd immer zögerlicher über die Stange geht und vielleicht sogar gar nicht mehr darübertreten will. Also flüssig drüberreiten und lieber noch einmal probieren.

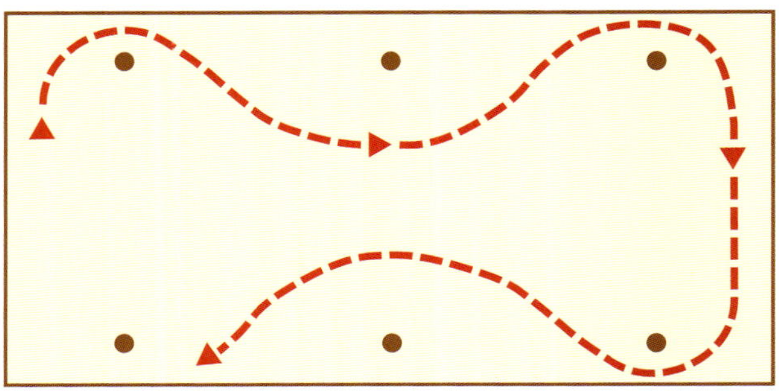

Vorwärts-abwärts-Reiten

Übung für das Vorwärts-abwärts-Reiten

Das Vorwärts-abwärts-Reiten wird am besten auf gebogenen Linien geübt, die nicht zu eng sein dürfen. Große Zirkel und große Schlangenlinien sind gut dafür. Du kannst dir auch Pylonen stellen, wie es bei den Galopp-Übungen in den Zeichnungen angegeben wurde und die abgebildeten Figuren reiten. Lies bitte noch mal auf Seite 132 nach, worauf es beim Vorwärts-abwärts-Reiten ankommt und übe es anfangs nur mit einem Trainer oder erfahrenen Westernreiter! Auch diese Übung machst du anfangs im Schritt. Wenn das gut geht, kannst du es in einer späteren Reitstunde auch im Trab und Galopp probieren.

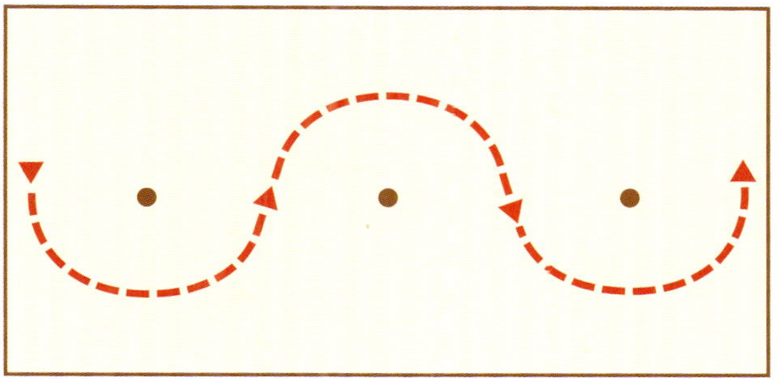

Vorwärts-abwärts-Reiten

Übung, um die Richtung zu halten

Es kann passieren, dass dein Pferd vor allem im Galopp mit der Schulter »nach innen« fällt. Das fühlt sich an, als ob es sich in die Kurve legt und nach innen hin (zum gedachten Kreismittelpunkt deiner Reitbahn) abbiegt. Der Grund dafür kann sein, dass du ein untrainiertes Pferd hast. Oder aber du machst einen Fehler und kippst mit der Schulter nach innen.

Folgende Übung hilft dir, das Problem zu lösen: Du reitest einen Bogen oder großen Kreis. Schiebe dabei die innere Hand und die innere Hüfte nach vorne. Setze dich gleichmäßig auf beide Po-Backen, sodass beide Gesäßknochen dein Gewicht tragen. Nimm nun die äußere Schulter übertrieben zurück. Die innere Hand nimmst du etwas höher. Mit dem inneren Schenkel gibst du etwas Druck auf der Höhe des Sattelgurts, sodass du dein Pferd etwas nach außen halten kannst und es nicht zur Kreismitte hin laufen kann. Achte darauf, dass du dabei weit im Sattel zurücksitzt, damit dein Pferd dein Gewicht hauptsächlich auf der Hinterhand hat.

Die Übung ist nicht ganz einfach und daher auch anstrengend. Gut wäre es, wenn du sie mit einem Trainer machen könntest. Wenn du das aber einige Male geübt hast, hilft es dir und deinem Pferd auf einer gebogenen Linie zu bleiben, ohne dass das Pferd »nach innen fällt«. Wenn dir die Übung aber doch sehr schwer fällt, dann kannst du auch die Galopp-Übung mit dem Quadrat machen, die auf den Seiten 148 und 149 beschrieben ist.

Übung für Trab- und Galoppvolten

Kleine Wendungen, sogenannte Volten zu reiten, ist im Schritt relativ einfach. Schon der Anfänger kann dies meist recht schnell. Volten im Trab und Galopp sind da schon anspruchsvoller. Sie sind für Pferd und Reiter sehr anstrengend und darum eher für Fortgeschrittene eine wichtige Übung. Man braucht dafür etwas mehr Raum, und die Wendungen sind natürlich nicht ganz so eng, wie im Schritt.

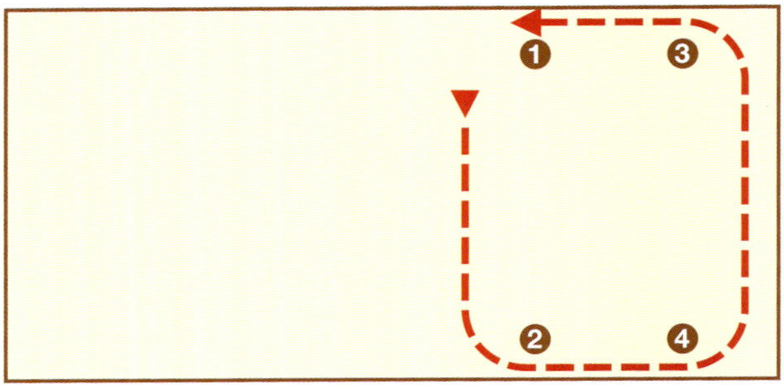

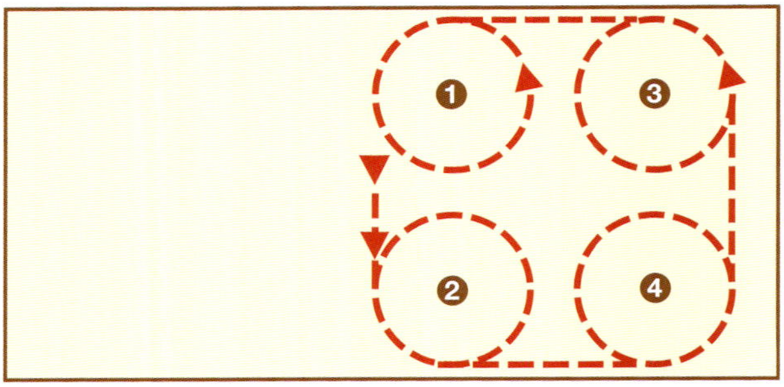

Trab- und Galoppvolten

Stelle vier Pylonen auf den Reitplatz, so wie es in der Skizze nebenan eingezeichnet ist. Zuerst trabst du mit deinem Pferd ein Viereck um alle vier Pylonen. Erst wenn das Pferd ruhig und gleichmäßig trabt, machst du eine Wendung um Pylone Nummer 2.

Da du hier an zwei Seiten durch die Bande eine Begrenzung hast, fällt es dem Pferd leichter, wirklich eine Volte zu reiten. Versuche die Pylone wirklich zum Mittelpunkt deiner Volten zu machen. Wenn du etwa zwei bis drei Volten um eine Pylone reiten kannst, solltest du deinem Pferd unbedingt etwas Erholung gönnen und es im Schritt gehen lassen.

Wenn das Pferd nach einigen Reitstunden gut um eine Pylone herum traben kann, dann kannst du nach der ersten Volte um Pylone 2 zu Pylone 4 reiten und dort ebenfalls eine Volte machen. Nach und nach werden du und dein Pferd mehr Ausdauer bekommen und ihr könnt um alle vier Pylonen herum traben.

Hier, wie bei allen anderen Übungen, kannst du auch etwas Abwechslung ins Spiel bringen. Reite zwischendurch auch mal wieder außen um die Pylonen herum oder mache einen Zirkel innerhalb. Dein Pferd bleibt dann aufmerksamer und achtet besser auf deine Hilfen.

Wenn das alles im Trab gut klappt, kann es in den Galopp gehen. Das ist für das Pferd natürlich noch anstrengender. Bei faulen Pferden verwende ich schon mal eine Gerte, um es anfangs im Galopp zu halten. Dann muss es aber auch ohne Gerte klappen. Doch Vorsicht: Wird das Pferd müde, solltest du unbedingt eine Pause einlegen. Auch dann, wenn es die Volten wirklich gut macht, hat es unbedingt eine Pause verdient.

Es ist eine anstrengende Übung. Aber wer sie meistert, kann fast alle Bahnfiguren reiten.

Übungen und Spiele in der Gruppe

Wenn du deine Hände nicht ruhig genug halten kannst und dadurch deinem Pferd über den Zügel zu sehr im Maul ziehst, dann versuche Folgendes: Nimm einen Löffel in die Hand und lege ein Ei oder einen Golfball darauf. Die Zügel nimmst du in die andere Hand. Nun reitest du im Schritt an der Bande entlang.

Wenn du in einer Gruppe das Reiten lernst, könnt ihr daraus einen Wettbewerb machen. Ihr bildet zwei Gruppen. Jeder Reiter muss einmal um die Reitbahn mit Löffel und Golfball. Die Gruppe, die die meisten Bälle »mit nach Hause« bringt, hat gewonnen.

Oder ihr reitet mit einem Glas voll Wasser in Schlangenlinien um Pylonen (wie in der Zeichnung angegeben). Am Ende des Reitplatzes wird das Glas wie beim Staffellauf an den nächsten übergeben. Das Team, das am Ende noch das meiste Wasser im Glas hat, gewinnt. Verschärfen kann man diesen Wettbewerb dadurch, dass man ohne Sattel reitet.

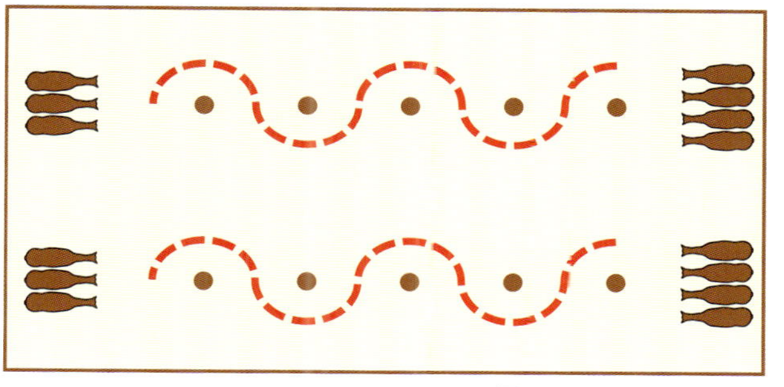

Teamwettbewerb

Ohne Sattel und darum prima für einen guten Sitz ist auch folgendes Spiel: Jeder bekommt einen Fünf-Euro-Schein zwischen Po und Pferderücken. Nach Kommando des Reitlehrers oder einer anderen Person wird nun im Schritt, Trab und Galopp geritten. Wer zum Schluss seine Fünf-Euro-Note noch hat, hat gewonnen.

Für viele ist es der Grund das Reiten zu lernen: Ein Ausritt in freier Natur.

Endlich in freier Natur

Was gibt es Schöneres, als an einem sonnigen Frühlingstag an einem Bach entlang zu reiten und über endlose Wiesen zu galoppieren. Oder an einem kalten Wintertag bei strahlend blauem Himmel auf dem Pferderücken über schneebedeckte Felder zu gehen. Ein Ritt, durch die Gischt des Meeres, entlang an einem endlos langen Strand, bei strahlender Sonne und einer frischen Brise – das sind die Momente, die viele Menschen überhaupt dazu bringen, sich auf ein Pferd zu setzen. Dafür nehmen sie in Kauf, sich viele Reitstunden lang abzuquälen, als Anfänger auch mal vom Pferd zu fallen und sich den Hintern wund zu scheuern. Auch Pferde lieben einen lockeren, gemütlichen Ausritt in die freie Natur.

Ab wann ins Freie?

Aber ein paar Regeln muss man auch hier beachten, wenn es wirklich Spaß machen soll und man sicher wieder nach Hause kommen möchte.

Auch wenn dir das vielleicht überhaupt nicht passt: Wer ins Gelände will, muss sattelfest sein im Schritt, Trab und Galopp. Du musst in der Lage sein, dein Pferd in diesen drei Gangarten absolut sicher zu lenken und jederzeit anhalten zu können. Eine gute Probe ist es, dein Pferd alleine auf dem Reitplatz zu reiten, wenn alle anderen schon gegangen sind. Die meisten Pferde sind nicht gerne alleine und möchten dann wie ihre Kumpels »Feierabend« machen. Hier zeigt sich also, ob dein Pferd wirklich auf dich hört.

Warum ist es so wichtig, dass du wirklich schon sicher im Sattel sitzt? Mag sein, dass du dir denkst: Ich reite erst mal nur im Schritt. Doch gerade im Gelände kommt es viel häufiger vor, dass Pferde sich erschrecken und antraben oder losgaloppieren. Denn was gibt es da nicht alles an vermeintlichen »Gefahren«: Radfahrer oder Inline-Skater, die sich fast geräuschlos von hinten

Reite am Anfang nur mit einem Reitführer und einem erfahrenen Pferd aus. Es kann immer wieder Situationen geben, die für unerfahrene Reiter Gefahren in sich bergen. Vor allem im Straßenverkehr hörst du gut auf die Anweisungen des Reitführers.

Nicht telefonieren auf dem Pferd!

Ich weiß, dass Jugendliche heutzutage nicht mehr ohne Handy leben können. Und mir ist klar, dass es unendlich viel mit den Freunden und Freundinnen zu bereden gibt. Aber auf dem Pferd sollte ebenso wenig telefoniert werden wie beim Radfahren oder am Steuer eines Autos. Es ist einfach nicht möglich, sich über die neueste angesagte Band zu unterhalten und mit der notwendigen Konzentration beim Pferd zu sein! Das gilt auch für Ritte im Gelände.

nähern; freilaufende Hunde, die ihrem Besitzer nicht folgen; Schafherden oder Ziegen; Regendolen und Kopfsteinpflaster; Baustellen mit flatternden Bändern als Absperrung und vieles mehr. Nicht alle Pferde haben vor allem Angst. Aber es gibt sogar welche, die im Gelände absolut ruhig bleiben – solange sie nicht über eine Brücke müssen. Du musst also, wenn dein Pferd aus irgendeinem Grund nervös wird, immer die Ruhe bewahren. Und das gelingt dir nur, wenn du dich im Sattel sicher fühlst.

- Reite die ersten Male unbedingt mit einem Pferd aus, das du gut kennst und von dem du sicher weißt, dass es sich im Gelände ruhig verhält. Lass dir kein Pferd zuteilen, mit dem du dich unsicher fühlst. Ein Pferd spürt deine Unsicherheit und wird dadurch selbst verunsichert.
- Reite niemals alleine aus! Vor allem bei Neulingen im Gelände muss unbedingt ein erfahrener Reitführer dabei sein. Er kann euch auf Dinge aufmerksam machen, die Pferde beunruhigen können, auf die du von alleine niemals achten würdest, weil dir die Erfahrung fehlt. So zum Beispiel auf rutschigen Boden oder Hunde in einem Gehege.

Sicherheit wird groß geschrieben

- Der Helm ist Pflicht! Das gilt in der Natur noch mehr als in der Reitbahn. Nicht nur wegen der Sturzgefahr. Auch tief hängende Äste und Zweige können Kopfverletzungen verursachen.
- Wenn dein Reitführer euch zuweist, in welcher Reihenfolge ihr nacheinander gehen sollt, dann halte dich daran. Du weißt ja, die Tiere haben eine Rangordnung. Wenn du die durcheinander bringst, dann kann es passieren, dass die Pferde ihre Rangkämpfe ausfechten möchten, auch mit dem Reiter auf dem Rücken.
- Wenn ihr in einer Gruppe ausreitet, dann gebt immer im Stall Bescheid, wohin ihr gehen wollt, welche Route ihr nehmt und wie lange ihr etwa wegbleiben wollt. Nichts ist schlimmer für die Daheimgebliebenen, als wenn abends noch Reiter fehlen und keiner weiß, wo sie sein könnten. Es kann ja auch wirklich mal was passieren, und wenn es nur ein verlorenes Hufeisen ist. Deshalb solltet ihr auch immer ein Handy mitnehmen, auf dem die wichtigsten Nummern gespeichert sind. Auch Leuchtstreifen oder eine Lampe dabei zu haben, empfiehlt sich. Denn manchmal verschätzt man sich auch mit der Länge des Ausritts und die Dunkelheit bricht schon an.
- Ein Ausritt sollte auch für dein Pferd erholsam sein. So schön lange Galoppaden auch sind – ihr solltet den Großteil des Ausritts im Schritt zurücklegen. Das letzte Stück Weg zum Stall, auf jeden Fall die letzten 500 Meter, werden immer im Schritt geritten. Denn wenn Pferde merken, dass es nach Hause geht, dann legen sie gerne einen Zahn zu, und man hat ohnehin manchmal Mühe, sie in einem langsameren Tempo zu halten.
- Auch wenn es bei einem Ausritt recht gemütlich zugeht, solltest du dich nie von den schaukelnden Bewegungen des Pferderückens völlig »einlullen« lassen. Eine gewisse Aufmerksamkeit muss immer da sein. Du solltest immer die Umgebung etwas im Auge behalten und dein Pferd beobachten. So siehst du rechtzeitig, wenn irgendetwas auftaucht, was das Pferd verunsichern könnte und kannst darauf reagieren. Und wenn du den halben Ausritt lang nur mit deiner Freundin tratschst, geht ebenfalls leicht das notwendige Mindestmaß an Aufmerksamkeit verloren. Die meisten Unfälle passieren aber, weil der Reiter von der Reaktion seines Tieres völlig überrascht wird. Du hörst dann unter Umständen auch nicht, wenn der Reitführer auf Gefahrensituationen aufmerksam macht oder Anweisungen für die Reitgruppe gibt.

Die Westernreitabzeichen der EWU

Das EWU-Reitabzeichen in Bronze.

Um allen zu zeigen, was sie schon drauf haben, können Westernreiter verschiedene Prüfungen ablegen. Solche Prüfungen werden schon seit langer Zeit von der EWU, der »Ersten Westernreiter Union Deutschland« organisiert. Besteht man die, dann erhält man das entsprechende Reitabzeichen der EWU. Die einfacheren Prüfungen sind das »Hufeisen Westernreiten«, der »Basispass Pferdekunde« und das »Kleine Westernreitabzeichen«. Immer schwieriger werden dann die Reitabzeichen in Bronze, in Silber und in Gold. Wenn das für dich in Frage kommt, fängst du natürlich mit den einfacheren Prüfungen an, und wagst dich dann an die schwierigeren Prüfungen.

Wozu eine Prüfung?

Jetzt kann's in den Turniersport gehen!

»Wozu Prüfungen – mir reichen meine Klassenarbeiten«, denkst du vielleicht. Aber wenn du wirklich mal ein Champion werden willst, dann brauchst du auch einen Ansporn, um auf ein ganz bestimmtes Ziel hin zu trainieren. Nur so, ohne Ziel und Zweck zu reiten, führt meistens dazu, dass du auf der Stelle trittst. Sollte es dich reizen, auch mal an einem Turnier teilzunehmen, dann sind die Prüfungen der EWU eine hervorragende Vorbereitung. Denn auch bei den Reitabzeichen musst du schon ein paar kleinere Manöver reiten können, die später in manchen Turnierdisziplinen wieder verlangt werden. Bei den Prüfungen selbst geht es ähnlich zu wie bei Turnieren, sodass du schon mal so etwas wie »Turnier-Luft« schnuppern kannst.

Was musst du beherrschen?

Alle Prüfungen der EWU fragen dein Wissen über Pferde und übers Reiten ab. Dabei wird es von Abzeichen zu Abzeichen natürlich immer mehr und auch schwieriger. Jede Prüfung besteht aus einem theoretischen Teil, bei dem dein

Wissen abgefragt wird, und aus einem praktischen Teil, bei dem du deine Fähigkeiten im Umgang mit dem Pferd zeigen musst. Um dich auf die Prüfungen vorzubereiten, kannst du dieses Buch aufmerksam lesen. Für die Prüfungen zu den Westernreitabzeichen, reicht das aber noch nicht aus. Dafür solltest du dir also zusätzliche Bücher und Informationsmaterialien besorgen. Welche Materialien hierfür am besten geeignet sind, erfährst du bei der EWU (Adresse und Telefonnummer auf Seite 32).

Wissen über Pferdehaltung und Pferdepflege sind wichtige Bestandteile der Prüfung.

Die praktischen Aufgaben der Prüfungen musst du natürlich zuvor üben. Du solltest dir dafür, wenn irgendwie möglich, Unterstützung durch einen Trainer suchen. Und richtig Spaß macht es natürlich, wenn man sich gemeinsam mit anderen Kindern und Jugendlichen in einer Gruppe auf die Prüfungen vorbereiten kann.

Nun zu den einzelnen Prüfungen und was du dafür wissen und können musst.

Hufeisen Westernreiten. Diese Prüfung ist vor allem für Kinder und Jugendliche gedacht. Abgeprüft werden die wichtigsten Kenntnisse und Fertigkeiten, die du unbedingt haben solltest, wenn du dich dem Reitsport widmest.

- Teilnehmen kann jeder Reiter.
- Praktischer Teil der Prüfung: Du zeigst das Führen und Anbinden des Pferdes und den Umgang mit ihm im Stall. Du zäumst und sattelst das Pferd. Das Reiten einer Horsemanship-Aufgabe gehört auch noch mit dazu.
- Theoretischer Teil: Du wirst über die wichtigsten Kenntnisse befragt, die man über einen guten Sitz und die Hilfengebung braucht. Auch Grundkenntnisse über Pferdehaltung und -fütterung, über Tierschutz und Unfallverhütung beim Reiten werden abgefragt.

Basispass Pferdekunde. Dieser Basispass ist Voraussetzung für alle Reiter, die einmal das Bronzene oder Silberne Reitabzeichen

machen wollen. Es geht dabei weniger um das Reiten und die reiterlichen Fähigkeiten. Inhalte der Prüfungen sind vor allem: Wie gehe ich mit dem Pferd um? Wie ist sein Verhalten? Die Bedürfnisse des Pferdes, seine Fütterung und seine Unterbringung und das Wichtigste über die Pferdegesundheit sind hier das Thema.

- Teilnehmen kann jeder, der schon eine gewisse Reife und Erfahrung hat, also durchaus auch Jugendliche, die sich schon einige Zeit mit Pferden beschäftigen.
- Praktischer Teil der Prüfung: Gezeigt werden muss der Umgang mit dem Pferd, das Führen und Vorführen, auch vorbei an anderen Pferden. Die Pferdepflege einschließlich des Bandagierens muss demonstriert werden.
- Theoretischer Teil: Hier geht es um das Wissen über das Pferdeverhalten und den Umgang mit Pferden, über Fütterung und Fütterungstechnik, über die Grundlagen der Pferdegesundheit und schließlich über die Haltung von Pferden (das Stallklima, der Auslauf für Pferde, die Bedeutung der Weide und vieles mehr).

Kleines Westernreitabzeichen. Auch hier geht es wieder um deine Kenntnisse in Sachen »Pferdekunde«, natürlich jetzt noch umfassender. Das kleine Westernreitabzeichen ist aber vor allem die erste Prüfung, in der du auch dein reiterliches Können zeigen musst. Auch dein Sitz und deine Hilfengebung werden nun beurteilt.

- An dieser Prüfung können nur Reiter teilnehmen, die den »Basispass Pferdekunde« schon bekommen haben.
- Theoretische Prüfung: Dein Wissen über die Ausrüstung des Westernpferdes, über die Grundlagen des Westernreitens und über Pferdehaltung werden hier abgefragt.
- Praktische Prüfung: Die Teilnehmer bekommen Reitaufgaben, die sie mit ihren Pferden zeigen müssen. Diese Reitfiguren oder Pattern (siehe Western-Lexikon Seite 171) sind Teilaufgaben aus den Western-Turnierdisziplinen »Trail« und »Horsemanship«, die später, auf den Seiten 165 und 166 beschrieben werden. Außerdem wird geprüft, wie Reiter und Pferd in einer Gruppe mit anderen Pferden zurechtkommen.

Die Westernreitabzeichen in Bronze, Silber und Gold sind weniger für Kinder und Jugendliche, und erst recht nicht für Reitanfänger gedacht. Um diese Prüfungen abzulegen, muss man schon sehr gut reiten können und durchaus auch ehrgeizig sein. Jugendliche unter 18 Jahren können teilnehmen. Aber man sollte sich dem Westernsport schon ganz und gar verschrieben haben, um hier erfolgreich zu sein.

Das **Bronzene Westernreitabzeichen** ist für Leute, die in den Turniersport einsteigen oder sogar selbst Trainer werden wollen. Es ist ein guter Einstieg und eine Herausforderung, die diesen Weg erleichtern. Die Prüfungen in Theorie und Praxis werden nun immer anspruchsvoller. Noch schwieriger wird es beim **Silbernen Westernreitabzeichen**. Hier können nur noch sehr gute Reiter mit einem großen Wissen über Pferde und alles, was damit zu tun hat, teilnehmen. Für das **Goldene Westernreitabzeichen** muss man gar keine Prüfung machen. Es wird vom Vorstand der EWU verliehen, und zwar an besonders erfolgreiche und vorbildliche Reiter. Man muss also auf Turnieren, auch auf deutschen und Europameisterschaften, sehr erfolgreich sein. Darüber hinaus muss man aber auch ein besonderes Engagement für den Westernreitsport zeigen und ein absolutes Vorbild im Umgang mit dem Pferd sein. Das Goldene Reitabzeichen der EWU ist wirklich eine Ehre. Ich bin darum sehr stolz, dass mir dieses Abzeichen verliehen wurde.

Für ein Westernreitabzeichen müssen Reiter und Pferd schon schwierige Übungen beherrschen. Dazu gehört auch das Reiten über einen Stangenfächer.

Wie bekommt man das Westernreitabzeichen?

Die Prüfungen für die EWU-Western-Reitabzeichen werden von der »Ersten Westernreiter Union Deutschland« organisiert. Setze dich auf jeden Fall mit dieser Organisation in Verbindung, um genau zu erfahren, wann und wo solche Prüfungen abgelegt werden können. Die Adresse findest du auf Seite 32 dieses Buches. Erkundige dich dort auch, was du alles wissen musst und welche Bücher und Materialien es gibt, um sich auf die Prüfung vorzubereiten.
Um an bestimmten Prüfungen teilnehmen zu können, muss man Mitglied in der EWU oder einem Reitverein sein, der der FN (der Deutschen Reiterlichen Vereinigung) angeschlossen ist. Bevor du zur Prüfung zugelassen wirst, musst du außerdem bei manchen Prüfungen einen Vorbereitungslehrgang besuchen. Am besten wäre es sicher, wenn ein Trainer dich unterstützt und dir hilft, die richtigen Schritte zu unternehmen.

Die wahren Champions

Wo findest du die wahren Champions? Natürlich auf Turnieren. Und auch, wenn du gar nicht daran denkst, selbst einmal daran teilzunehmen – auf einem richtigen Westernturnier muss man schon mal gewesen sein! Schon alleine wegen der Atmosphäre und dem Western-Feeling. Du wirst aber, wenn du selbst schon ganz gut reitest, auch beurteilen können, was dort geleistet wird. Selbst kleine Turniere sind schon eine echte Herausforderung für Reiter und Pferd, und was oft ganz locker und mühelos aussieht, musste in vielen Trainingsstunden erarbeitet werden.

Die kleinen und die großen Turniere

Kleinere Western-Turniere findest du ganz sicher auch in deiner Nähe. Denn die Regionalverbände der Reit- und Zuchtverbände, die auf Seite 32 genannt werden, organisieren solche Turniere auf vielen Western-Reitanlagen. Auf den Homepages der Verbände findest du die Orte und die Termine für solche Wettbewerbe. Ganz toll wäre es aber, wenn du auch einmal ein richtig großes Turnier erleben könntest, an dem die wirklichen Champions, die besten Westernreiter aus Deutschland und Europa teilnehmen.

Das ist vor allem die **Americana**, die alle zwei Jahre in Augsburg stattfindet. Hier messen sich nicht nur die besten Westernreiter aus

Die Americana – eine der spektakulärsten Western-Veranstaltungen in Europa.

Echtes Western-Feeling beim Saloon der Americana.

aller Welt. Auch Show-Einlagen unterhalten das Publikum. Dazu gibt es Westernmusik im »Red Grizzly Saloon«, echtes Cowboy-Food und eine Messe, bei der alles zu haben ist, was der Westernreiter und sein Pferd brauchen könnten. Und man erhält jede Menge Informationen über das Westernreiten bei den Verbänden, die hier alle präsent sind.

Die **Deutsche Quarter Horse Association** (DQHA) führt gemeinsam mit der American Quarter Horse Association **Europameisterschaften** durch. Wie auf der Americana werden Turniere in allen Western-Disziplinen durchgeführt. Aber hier können nur reinrassige Quarter Horses teilnehmen. Ganz gleich welcher Rasse, ob mit Stammbaum oder ohne – bei EWU-Turnieren kann jedes Pferd teilnehmen, auch bei der **Deutschen Meisterschaft der EWU**. Wann und wo die Turniere der DQHA und der EWU stattfinden, erfährst du auf der Homepage dieser Verbände.

Die Cowboys lassen grüßen

Damit du besser beurteilen kannst, worauf es bei den einzelnen Turnierdisziplinen ankommt, möchte ich dir die Wichtigsten vorstellen. Es sind die Disziplinen, die man bei uns am häufigsten zu sehen bekommt. Alle diese Turniere haben ihren Ursprung im Leben und in der Arbeit der Cowboys. Und bei vielen der Aufgaben, kann man sich richtig vorstellen, wo sie auf den Ranches und bei der Rinderarbeit ihren Ursprung hatten.

Trail

Der Trail ist ein Geschicklichkeitsparcours. Dabei müssen verschiedene Hindernisse überwunden werden und Aufgaben erfüllt werden: Es gibt in jedem Trail Pflichtaufgaben: Durch ein Tor reiten, über mindestens vier Stangen reiten und rückwärts reiten, beispielsweise zwischen parallel gelegten Stangen hindurch. Manchmal muss man eine kleine Brücke überqueren oder über eine Plane gehen. Man kann sich dabei richtig vorstellen, wie der Cowboy die Zäune und Wege seiner Ranch kontrolliert. Er öffnet und schließt vom Pferd aus ein großes Tor und muss dabei auch ein paar Schritte nach hinten gehen. Er überquert eine Brücke, um auf die Weiden zu kommen. Er reitet unter tief hängenden Zweigen hindurch und auf den schmalen Wegen liegen schon auch mal Äste. Dafür braucht man nicht die schnellsten, aber absolut gehorsame und nervenstarke Pferde, die ihrem Reiter fast blind vertrauen. Beim Trail gewinnt auch nicht der schnellste Reiter, sondern der, der am wenigsten Fehler macht.

Beim Trail geht's nicht um Schnelligkeit. Man braucht gehorsame und nervenstarke Pferde.

Pleasure

Das Wort »Pleasure« (gesprochen: pläscher) bedeutet »Vergnügen«. Bei dieser Turnierdisziplin, soll das Reiten ein Vergnügen sein. Dafür muss natürlich auch das Pferd Gangqualität und einen guten Körperbau haben, also den »Schönheitsnormen« entsprechen. Beim Pleasure gehen alle Teilnehmer zusammen auf den Reitplatz. Der Richter gibt vor, in welcher Gangart geritten wird: Im Schritt, Trab, Galopp oder im Jog. Dabei kommt es vor allem darauf an, dass das Pferd sich sehr ruhig, gleichmäßig und entspannt bewegt und auf die geringsten Hilfen reagiert. Es soll eben absolut bequem zu reiten sein. Bei dieser Disziplin musst du dir einen Sonntag in einer Stadt im Wilden Westen vorstellen. Die Cowboys sind froh, dass sie heute mal nicht aufs Pferd müssen und hängen im Saloon herum. Aber all die andern Leute wollen nun spazieren reiten: Der Gemischtwarenhändler, der Bankdirektor, der Apotheker und so manche junge Dame. Da muss ein Pferd schon wie ein Sofa zu sitzen sein.

Pleasure: Das Zuschauen soll ein reines Vergnügen sein.

Horsemanship

Was der Begriff »Horsemanship« in etwa bedeutet, habe ich schon auf Seite 41 beschrieben. Beim Horsemanship geht es vor allem darum zu zeigen, dass man ein guter Reiter ist. Es wird bewertet, ob der Reiter einen guten Sitz hat und feine Hilfen geben kann. Das Pferd, sein Aussehen und sein Können spielen nicht die entscheidende Rolle. Die Horsemanship-Prüfungen sollen ruhig und präzise geritten werden. Die Prüfung besteht aus zwei Teilen. Der erste Teil ist der wichtigste. Hier werden verschiedene Aufgaben gestellt, die nacheinander geritten werden müssen. Das können das Angaloppieren im Rechts- oder Linksgalopp, Stopps aus allen Gangarten, Rückwärtsrichten, Hinterhand- und Vorhandwendungen, Galoppwechsel und vieles mehr sein. Nach dieser ersten Prüfung entscheiden die Richter, ob ein Reiter ausscheidet oder auch den zweiten Teil der Prüfung machen darf. Dieser zweite Teil ist eine kleine Pleasure-Prüfung, wie ich sie oben bereits beschrieben habe.

Ein beeindruckender Sliding Stop ist der Höhepunkt einer gut gerittenen Reining-Prüfung.

Reining

Man sagt, dass die Reining das Dressur-Reiten des Wes-ternreitstils ist. Dabei wird nur im Galopp geritten, je schneller, um so besser. Man muss dabei ganz bestimmte vorgeschriebene Figuren und Manöver reiten, ein so genanntes Pattern (natürlich wieder englisch, es heißt »Muster« oder »Figur« und wird pättern ausgesprochen), mit verschie-denen Schwierigkeitsgraden. Das sind große schnelle Zirkel, kleine langsamere Zirkel, fliegende Galoppwechsel, Stopps aus vollem Galopp (Sliding Stop), Hinterhandwendungen, also eine Drehung auf den Hinterbeinen um 180 Grad und die »Spins«, sehr schnelle Drehungen von 360 Grad um die Hinterbeine, bei denen es einem schon vom Zuschauen schwindelig wird. Viele dieser Manöver musste der Cowboy beherrschen, wenn er die Rinder hüten und treiben musste. Da wurde schon mal eine schnelle Kehrtwendung gemacht und aus dem Galopp heraus gestoppt, wenn ein Rind sich davonmachen wollte. Die Pferde müssen daher für die Reining sehr schnell und wendig sein.

Cutting

Wer schon einmal ein Cutting-Turnier erlebt hat, dem muss man nicht mehr erklären, was diese Western-Disziplin mit der Arbeit der Cowboys zu tun hat. Denn hier wird mit richtigen Rindern gearbeitet. »Cutting« heißt »schneiden« und bedeutet, dass einem Rind der Weg abgeschnitten wird. In der Reitbahn befindet sich eine kleine Rinderherde. Eines der Rinder wird vom Reiter vorsichtig aus der Herde getrieben. Dabei muss es sehr ruhig und behutsam zugehen, damit nicht die ganze Herde davonläuft. Sobald das einzelne Rind »gecuttet«, also abgesondert ist, muss das Pferd dafür sorgen, dass es nicht schnurstracks zur Herde zurücklaufen kann, was jedes Rind natürlich versucht. Der Reiter hilft seinem Pferd nun nicht mehr mit den Zügeln – es muss selbstständig arbeiten. Dabei muss es rasante und wendige Manöver vollziehen, um dem Rind den Weg abzuschneiden. Der Reiter darf sich bei dieser Disziplin auch am Sattelhorn festhalten, damit er sein Pferd nicht aus der Balance bringt. Man braucht für diese Disziplin Pferde, die nicht nur sehr schnell und beweglich sind. Sie müssen auch Mut haben und – fast wie ein Schäferhund – den Instinkt zum Hüten, Treiben und Spielen. Und sie brauchen etwas, das man »Cowsense« nennt (gesprochen »Kausens«), was übersetzt etwa einen Sinn oder ein Gespür für Rinder bedeutet. Es sind Pferde, die fast vorausahnen, wohin ein Rind läuft und durch entsprechende eigene Bewegungen das Rind in eine bestimmte Richtung drängen können.

Cutting: Hier wird noch mit echten Rindern gearbeitet.

Showmanship at Halter

Bei dieser Prüfung geht es nicht ums Reiten und sie sieht zunächst einmal nicht ganz so spektakulär aus. Aber sie hat es in sich! Hier wird das Pferd an der Hand vorgeführt. Man geht mit ihm ein kleines Pattern, bei dem verschiedene Aufgaben vorkommen: Das Führen im Schritt, Trab und Jog, das Rückwärtsrichten, der Halt und verschiedene Drehungen auf der Hinterhand gehören dazu. Bewertet wird nicht das Pferd, sondern der Vorsteller und seine Fähigkeit, das Pferd sauber, harmonisch und sicher vom Boden aus zu führen und vorzustellen. Und das ist schwieriger als es den Anschein hat. Aber Showmanship at Halter ist eine tolle Turnierdisziplin gerade für Jugendliche oder auch für Pferde, die noch nie vorher auf einem Turnier waren. Denn so können auch Einsteiger ohne »Reitstress« einmal Turnierluft schnuppern. Und man kann mit jedem Pferd daran teilnehmen, gleichgültig welcher Rasse es ist oder welches Alter es hat.

Western Riding

Beim Western Riding werden verschiedene Aufgaben kombiniert. Das Western Riding ist deshalb eine sehr vielseitige und anspruchsvolle Disziplin. Zu Beginn der Prüfung muss der Reiter ein Tor öffnen, hindurch reiten und wieder schließen, ohne das Tor loszulassen. Im Laufe des Pattern muss das Pferd mindestens einmal im Galopp flüssig und gleichmäßig über eine Stange gehen. Auf dem Platz stehen Pylonen, um die man in einer vorgeschriebenen Bahn herum reiten muss, ebenfalls im langsamen Galopp. Sieben bis acht Galoppwechsel müssen dabei gemacht werden. Am Schluss steht ein Stopp und das Rückwärtsrichten um mindestens drei Meter.

Working Cowhorse

So viel Englisch muss jeder Westernreiter und Western-Fan können: Ein »Working Cowhorse« ist natürlich ein Pferd, das in der Rinderarbeit eingesetzt wird. Diese Disziplin hat ihren Ursprung also direkt in der Arbeit der Cowboys. Die Turnierdisziplin Working Cowhorse besteht aus zwei Prüfungsteilen. Zuerst wird ein Pattern wie beim Reining geritten, natürlich ohne Rinder. Auch hier müssen Pferd und Reiter Stopps aus vollem Galopp, fliegende Galoppwechsel, Zirkel, und schnelle Drehungen, die Spins, zeigen. Dann folgt als zweiter Teil die Arbeit mit einem Rind. Nach einer genau vorgeschriebenen Art und Weise müssen Pferd und Reiter ein Rind treiben und stoppen. Das Hornvieh soll mehrmals an der kurzen Seite des Reitplatzes hin- und hergetrieben werden. Dann soll das

Rind entlang der langen Seite der Bahn getrieben, zweimal gestoppt und gewendet werden. Danach wird es in die Mitte des Platzes getrieben und soll einmal links herum und einmal rechts herum einen Zirkel laufen. Für all dies hat der Reiter nur zwei Minuten Zeit.

Team Penning

Auch das Team Penning ist eine Turnierdisziplin mit Rindern. Bei uns in Europa werden diese Wettbewerbe nur selten durchgeführt, weil es bei uns einfach nicht so viele geeignete Rinder gibt. In den USA ist diese Disziplin aber sehr beliebt, auch deswegen, weil sie ganz klar sehr viel mit dem wirklichen Arbeitsalltag der Rinderzüchter und Cowboys zu tun hat. Und so sind die Regeln: Ein Team aus drei Reitern hat die Aufgabe drei bestimmte, meist durch Nummern markierte Rinder aus einer größeren Herde heraus zu treiben und sie in ein separates Gatter von fünf mal fünf Metern zu bringen. Das klingt eigentlich sehr einfach. Aber erst einmal muss ein Rind nach dem andern aus der Herde geholt werden und von der Herde ferngehalten werden, bis alle drei zusammen sind. Erst dann werden sie zum sogenannten Pen, eine Art Gatter oder Pannelbox, getrieben. Das Tor befindet sich auf der Rückseite, was die Aufgabe nicht einfacher macht. Auch muss darauf geachtet werden, dass nicht andere Rinder aus der Herde hinterherlaufen. Für diese ganze Arbeit haben die Reiter höchstens zweieinhalb Minuten Zeit. Gewonnen hat das Team, das die Aufgabe am schnellsten gelöst hat.

Superhorse

Diese Disziplin heißt sicher so, weil die Pferde wirklich super und sehr vielseitig sein müssen. Und auch die Reiter müssen talentiert für alle wichtigen Westerndisziplinen sein. Denn nacheinander müssen Aufgaben aus den Disziplinen Trail, Western Riding, Pleasure und Reining gezeigt werden. Also müssen Pferd und Reiter ebenso gut ein Tor öffnen und schließen können, eine Reihe fliegender Wechsel reiten, einen guten Jog, also einen langsamen, leichtfüßigen Trab zeigen, wie auch schnelle Galoppzirkel, einen Sliding Stop und Spins beherrschen. Superhorse-Wettbewerbe werden nur von der EWU organisiert. Auch hier gibt es in der Zwischenzeit bestimmte Pattern, also festgelegte Figuren, die geritten werden müssen.

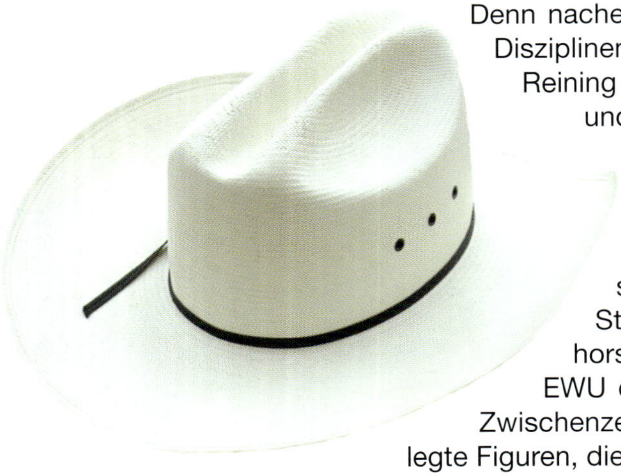

Western-Lexikon

Hier noch ein paar amerikanische Begriffe, die du immer wieder bei Westernreitern hören wirst. Einige hast du in diesem Buch schon kennen gelernt. Vielleicht kannst du das eine oder andere Wort ja sogar Noten verbessernd in eine Englischarbeit einbringen.

Back up	*[bäck ap]*	*Rückwärtsrichten*
Bit	*[bit]*	*Gebissteil am Zaumzeug*
Boots	*[buts]*	*Stiefel*
Canter	*[känter]*	*ruhiger, gleichmäßiger Galopp*
Chaps	*[tschäps]*	*eine Beinbekleidung aus Leder, oft mit Fransen*
Cowboy	*[kauboy]*	*Wer fragt da, was das ist?*
Cow Sense	*[kau sens]*	*Das Talent zur Rinderarbeit, das vielen Westernpferden angeboren ist*
Cutting	*[katting]*	*Absondern eines Rindes aus der Herde*
Futurity	*[fjuturiti]*	*Wettbewerbe für junge Pferde*
Lead Change	*[lid tschäintsch]*	*Galoppwechsel*
Lope	*[loup]*	*langsamer Galopp*
Maturity	*[matjuriti]*	*Wettbewerbe für ältere Pferde*
Neck Reining	*[nek räining]*	*einhändige lose Zügelführung. Das Pferd weicht dabei dem Zügel, der am Hals angelegt wird.*
Pad	*[päd]*	*Satteldecke*
Pattern	*[pättern]*	*Figur oder Muster, das bei einer Turnier-Prüfung geritten werden muss*
Reins	*[räins]*	*Zügel*
Roll Back	*[roll bäck]*	*eine Wendung auf der Hinterhand um 180 Grad, aus der direkt angaloppiert wird.*
Roping	*[rouping]*	*Lasso-Werfen*
Round Pen	*[raund pen]*	*Runder, fest eingezäunter Trainingsplatz*
Sliding Stop	*[slaiding Stopp]*	*schneller Stopp, direkt aus dem Galopp*
Snaffle Bit	*[snäffl bit]*	*Wassertrense*
Spin	*[spin]*	*Hinterhandwendung um mindestens 360 Grad*
Walk	*[wuok]*	*Schritt*

Zum Schluss

Zu guter Letzt möchte ich dir die »Die ethischen Grundsätze des Pferdefreundes« der Deutschen Reiterlichen Vereinigung (FN) ans Herz legen. Denn niemals dürfen wir vergessen, dass dieser tolle Sport, das Westernreiten, ohne unsere vierbeinigen Freunde nicht möglich wäre und wir unseren Reittieren viel zu verdanken haben. Hier das **»1 x 9 der Pferdefreunde«, die Jugendversion der ethischen Grundsätze**, die für die Harmonie von Mensch und Pferd eintreten:

Pferde brauchen Menschen.
Pferde sind auf uns Menschen angewiesen. Wir Pferdefreunde tragen die Verantwortung dafür, dass es jedem einzelnen Pferd gut geht – auch du.

Pferde müssen richtig versorgt werden.
Pferde brauchen Wasser und Futter, Licht und Luft, viel Bewegung und Kontakt zu anderen Pferden. Wir Pferdefreunde sorgen dafür, dass es jedem Pferd gut geht – auch du.

Die Gesundheit geht vor.
Gesundheit und Zufriedenheit des Pferdes sind wichtiger als Erfolg um jeden Preis. Uns Pferdefreunden geht das Wohl jedes einzelnen Pferdes vor – auch dir.

Alle Pferde sind wertvoll.
Alle Pferde verdienen Pflege und Zuneigung, egal ob jung oder alt, Weidepony oder Turnierpferd, Zuchthengst oder ausgedientes Schulpferd. Wir Pferdefreunde wissen, dass alle Pferde gleich gut behandelt werden müssen – auch du.

Pferde und Menschen haben eine lange gemeinsame Geschichte.
Zwischen Pferden und Menschen besteht seit Tausenden von Jahren eine enge Verbindung. Wir Pferdefreunde sind bereit, vom enormen Wissen früherer Zeiten und fremder Kulturen zu lernen – auch du.

Pferde sind gute Lehrer.
Pferde spüren Ungeduld und Unbeherrschtheit. Sie belohnen Freundlichkeit und Geduld. Wir Pferdefreunde lernen gern von unseren Pferden – auch du.

Pferde und Menschen müssen miteinander lernen.
Pferde und Menschen brauchen für den gemeinsamen Sport eine gute Ausbildung, die nie aufhört. Das wichtigste Ziel für uns Pferdefreunde ist die harmonische Verständigung mit dem Pferd – auch für dich.

Leistungen dürfen nicht erzwungen werden.
Pferde verfügen über unterschiedliches Talent und Leistungsvermögen. Wir Pferdefreunde respektieren die natürlichen Grenzen eines Pferdes und beeinflussen seine Leistungsfähigkeit nicht durch Gewalt, Zwang und Medikamente – auch du nicht.

Pferde haben ein Recht auf ein würdiges Lebensende.
Pferde haben ein kürzeres Leben als Menschen. Auch am Lebensende lassen wir Pferdefreunde unser Pferd nicht im Stich und ersparen ihm unnötig Angst, Schmerzen und Qualen.

Register

Weißt du, wozu ein Register gut ist? Es hilft dir, im Buch etwas zu finden, das dich gerade besonders interessiert. Nehmen wir mal an, in der Reitstunde übt ihr gerade das Rückwärtsrichten. Und du hast irgendwie nicht ganz verstanden, wie du es machen sollst. Also suchst du hier im Register nach dem Stichwort »Rückwärtsrichten«. Auf der Seite, die dazu angegeben wird, findest du dann die Hilfengebung für die Reitaufgabe. Oder jemand spricht von einer Hinterhandwendung und du weißt nichts damit anzufangen. Dann kannst du wieder unter dem Stichwort und der angegebenen Seitenzahl nachschlagen und findest die Erklärung.